Jessica Braun | Christoph Koch
YOUR HOME IS MY CASTLE

Jessica Braun | Christoph Koch

YOUR HOME IS MY CASTLE
Als Wohnungstauscher um die Welt

Mit 27 farbigen Fotos
und einer Karte

MALIK

Mehr über unsere Autoren und Bücher:
www.malik.de

Anmerkung der Autoren:
Die Namen der im Buch erwähnten Tauschpartner und Freunde
wurden geändert, um deren Privatsphäre zu wahren.

ISBN 978-3-89029-492-6
August 2017
© Piper Verlag GmbH, München 2017
© Jessica Braun und Christoph Koch 2017. Dieses Werk
wurde vermittelt durch die Literarische Agentur Michael Gaeb.
Fotos: Jessica Braun, Christoph Koch
Karte: Marlise Kunkel, München
Satz: psb, Berlin
Litho: Lorenz & Zeller, Inning a. A.
Druck und Bindung: CPI books GmbH, Leck
Printed in Germany

Inhalt

TEIL I
WOHNUNGS…WAS?

Einleitung

Nichts wie weg

Jessica | Perth, Australien, Dezember 2016

Da ist jemand im Haus. Bis vor einer Minute konnte ich es nicht erwarten, die Tür aufzuschließen. Mein Plan: duschen, die Strickjacke gegen ein T-Shirt tauschen und mich dann mit einem Glas Weißwein auf die Terrasse in die Sonne setzen. Richtig ankommen. Aber jetzt stehe ich mit dem Schlüssel in der einen und der Anleitung für die Alarmanlage in der anderen Hand vor der fremden Haustür und traue mich nicht rein.

»Was machen wir jetzt?«, raune ich Christoph zu.

Weder die achtzehn Stunden Ruckelflug nach Australien noch der wirr mit sich selbst redende Taxifahrer konnten meinen Mann aus der Ruhe bringen. Doch jetzt sieht auch er nervös aus. Wir hatten ein leeres Haus erwartet – schließlich sind wir für Haustausch- und nicht Hausteil-Ferien nach Perth gekommen. Aber durch das Fenster war deutlich die Silhouette eines Mannes zu sehen.

Der Besitzer kann es nicht sein: Mit dem haben wir gestern noch bei einem Berliner Eck-Italiener Ravioli gegessen. Einbrecher vielleicht? »Denkt immer daran, die Tür abzuschließen – auch wenn Ihr zu Hause seid«, hatte Alfie, Architekt im Ruhestand, uns gestern beim Espresso ermahnt. »Unser Viertel ist sehr nett. Aber das benachbarte zählt nicht zu den besten. Geht lieber auf Nummer sicher.«

Zum Abschied drückte mir seine Frau Victoria ihren Schlüssel in die Hand: »Habt eine schöne Zeit in unserem Haus!«

Müde und durchgeschüttelt wie ich nach der langen Reise bin, wünsche ich mir, ich hätte ihr den Schlüssel direkt zurückgegeben und die ganze Sache einfach abgesagt. Blöder Haustausch. Wieso können wir nicht einfach im Hotel wohnen wie andere Leute? Dann würde uns jetzt jemand mit einem freundlichen »Hallo!« den Koffer abnehmen und uns das Zimmer zeigen.

Ein Tausch macht die Ankunft jedes Mal zur Zitterpartie. Spätestens, wenn der Flieger landet, melden sich Zweifel: Kann das gut gehen? Könnte doch sein, dass der Schlüssel gar nicht zur Tür der angegebenen Unterkunft gehört und wir belämmert auf der Straße sitzen! Vielleicht ist die Wohnung der netten Familie mit dem goldigen Baby gar nicht so gemütlich, wie sie auf den Fotos im Internet aussah. Dann müssen wir die nächsten Wochen in einer Bruchbude verbringen. Vielleicht funktioniert der Code für die Alarmanlage nicht, und der Sicherheitsdienst nimmt uns fest! Liegen vor uns wunderbare Wochen, oder räumt ein hinterhältiges Rentnerpaar gerade unsere Wohnung in Berlin aus? Mit unserem Schlüssel, den wir ihm vertrauensselig überlassen haben! Wenn wir tauschen, wissen wir nie genau, was uns erwartet. Oder wie hier in Australien: wer.

Ich will eben das Ohr an die Tür drücken, um zu lauschen. Da geht diese von innen auf. Vor uns steht ein sehniger Mann mit schütterem Haar und Goldrandbrille. Kein Einbrecher: Er streckt uns die Hand entgegen.

»Ihr müsst Jessica und Christoph sein«, begrüßt er uns fröhlich auf Englisch. »Ich bin Bert. Willkommen!« Bevor wir Fragen stellen können, hat er sich bereits meinen Koffer geschnappt. »Kommt rein. Ich zeige euch alles.«

Das Haus ist weitläufig und hell. Im Flur hängen Zeichnungen von Zügen. Vor dem Spiegel stehen zwei kleine Statuen in nordafrikanischer Tracht. Im Wohnzimmer liegen bestickte Kissen aus Chinaseide auf dem Sofa. Auch das antike Porzellan in der Vitrine sieht chinesisch aus. Alfie und Victoria reisen sichtbar gerne. Als wir sie in Berlin trafen, waren sie bereits seit mehreren Monaten unterwegs. Ihre nächsten Stationen: München, die Schweiz, dann Spanien und Portugal. Manchmal im Hotel, meist aber mittels Wohnungstausch. Auch in England haben sie einige Tage verbracht: im Haus von Bert und Ethel, unserem unerwarteten Begrüßungskomitee. In vier Stunden treten die beiden Briten ihren Rückflug nach London an. Dass wir sie antreffen, ist für einen Haustausch eher ungewöhnlich. Und, wie sich herausstellt, meine Schuld: Ich habe Victoria unsere Ankunftszeit in Perth gemailt – und bin dabei im Kalender verrutscht. Kein Problem für Bert und Ethel.

»Müssen wir uns eben für ein paar Stunden das Haus teilen«, sagt die zierliche Mittsechzigerin mit der dunklen Hornbrille. »Aber es ist ja wirklich groß genug.« Die beiden sind barfuß und braun gebrannt. In unserem neuen Domizil lässt es sich offensichtlich entspannt leben. »Soll ich euch einen Tee oder Kaffee machen, während ihr auspackt?«, fragt Ethel.

Fast wie bei Freunden, denke ich. Und verschwinde dankbar Richtung Dusche.

Haustauscher sind nette Menschen. Seit mehreren Jahren sind wir Teil dieser weltoffenen Community. Unsere Erfahrungen bisher: durchweg gut. Perth ist bereits unser siebter Haustausch. So weit weg wie jetzt waren wir allerdings noch nie. Bisher getauscht haben wir mit: Kopenhagen, Princeton, Barcelona, Oaxaca, Oakland und Paris. Mal für ein paar Tage, manchmal auch für mehrere Wochen. Dank des Haustauschs war jeder dieser Aufenthalte besonders. Das liegt schon allein an der Art, wie man reist. Fremden die eigene Wohnung zum Tausch anzubieten, ist eine großzügige Einladung: Mach dich in meinem Leben breit. Schlaf in meinem Bett. Leg die Füße auf meinen Couchtisch. Check deine E-Mails an meinem Computer (aber benutz bitte Untersetzer, wenn du deine Tasse auf den Schreibtisch stellst!). Geh in mein Lieblingsrestaurant. Lerne meine Nachbarn kennen, vielleicht sogar meine Freunde. Fühl dich in meinem Heim zu Hause.

Wir sind dieser Einladung jetzt schon einige Male gefolgt. Trotzdem finde ich es immer noch erstaunlich, dass das Prinzip funktioniert. Dass Fremde, die sich nur über das Internet kennen, sich derart vertrauen. Denn letztlich genügen ein paar Sätze und Fotos in einem Onlineprofil, um einander nicht nur die Haustürschlüssel, sondern manchmal auch Oma oder Katze zu überlassen. Klingt verrückt. Macht für Haustauscher aber mehr Sinn als eine leer stehende Wohnung. Denn, wie der Schamane Oscar sagte, als wir in seiner Hütte in Mexiko beim Mezcal saßen: »Die Menschen sind viel besser, als wir denken.« Jeder Tausch führt mir das wieder vor Augen. Und auch das Zusammentreffen mit Oscar war nur eine von vielen glücklichen Begegnungen, zu denen es ohne die Wohnungstauscherei wohl nicht gekommen wäre.

Zu verdanken haben wir diese Erfahrungen zumindest ein Stück weit meiner Knauserigkeit. 2014 hatte ich mich gerade selbstständig gemacht. Hinter mir lagen vier Jahre in der 24/7-Mühle einer Online-Nachrichtenredaktion. Urlaub klang reizvoll – aber auch nach finanziellem Risiko.

»Was hältst du von Kalifornien?«, wollte Christoph wissen.

»Och, nö«, wich ich aus.

»Surfen in Portugal?«

»Wenn die Wellen zu hoch sind, sitze ich doch nur wieder wie dein Surf-Bunny am Strand.«

»Was ist mit Griechenland? Kreta war doch super!« War es. Aber selbst zwei Wochen Bed & Breakfast schienen mir zu teuer. Christoph wartete auf eine Antwort.

»Ich will erst mal nichts ausgeben«, rückte ich endlich mit der Sprache heraus.

»Ich lade dich ein«, sagte mein Mann.

»Auf gar keinen Fall.«

Ich dachte, damit wäre das Thema erledigt. Bis Christoph mich eines Abends in sein Arbeitszimmer rief: »Schau mal, ich habe uns bei einer Plattform für Wohnungstausch angemeldet«, sagte er und zeigte auf den Rechner. »Wenn wir mit jemandem tauschen, sparen wir uns das Geld für die Unterkunft.«

Drei Tage später kamen die ersten Tauschangebote: ein langes Wochenende in Palaiseau, Frankreich; eine Woche Bologna, Italien; andalusischer Sommer in Granada. Wow! Lauter tolle Orte – und die Unterkunft umsonst. Die Nachricht von Ella aus Kopenhagen gefiel uns besonders: »Lust, Kopenhagen kennenzulernen?«, schrieb sie. »Wir wohnen sehr zentral und können unser Viertel wärmstens empfehlen. Hättet Ihr Zeit, im Frühling zu tauschen? Wir würden gerne irgendwann im April mit unseren beiden (ruhigen) Kindern nach Berlin fahren. Wir haben schon mehrere Home Exchanges hinter uns und würden auf euer Zuhause gut aufpassen.«

»Was meinst du?«, fragte Christoph. »Ostern in Kopenhagen? Wenn uns das Tauschen gar nicht behagt, lasse ich die Probemitgliedschaft danach auslaufen.«

Wir sagten zu. Die Tage in Ellas Wohnung waren toll. Auch, dass sie unterdessen bei uns wohnte, machte uns weniger aus als gedacht.

Einige Wochen darauf bot uns ein Paar aus Princeton im US-Bundesstaat New Jersey an, den Sommer dort zu verbringen. Wir überlegten nicht lange. So begannen unsere Tauschabenteuer, die uns hoffentlich noch in viele Länder führen werden. Mittlerweile sind wir sogar bei zwei Plattformen angemeldet. So haben wir mehr Auswahl. Das Tauschfieber hat uns gepackt.

Eigentlich seltsam, dass Christoph und ich das Tauschen nicht schon früher für uns entdeckt haben: Wir waren beide schon immer gern unterwegs. Die Neugier auf die Welt ist einer der Gründe, warum wir uns für den Journalismus entschieden haben. Und auf einer Reise haben wir uns auch kennengelernt. 2007 – die Medienkrise hatte gerade Fahrt aufgenommen – sollte die Zeitschrift, für die ich enorm gern arbeitete, eingestellt werden. Für mich und viele meiner Hamburger Kollegen bedeutete das die Kündigung. Als Abschiedsgeschenk schickte mich die Chefredakteurin ein letztes Mal auf Recherchereise: mit dem Segelboot entlang der schottischen Inneren Hebriden. Von der Insel Skye sollte es zur Insel Islay gehen – mit Stopps an einigen der besten Whiskydestillerien. Eine Traumreise.

Als ich auf Skye ankam, lag die *Edda Frandsen*, unser Boot, vor der Kulisse schneebedeckter Berge im Sonnenlicht. Außer Glöckchengeklingel und Schafsblöken war nichts zu hören. Es roch nach Heu, Honig, Moor und Salz. Krass – das ist ja hier wie in einem Diana-Gabaldon-Roman, dachte ich. Die *Edda* und ich: Das war Liebe auf den ersten Blick. Auf den anderen Journalisten, der mit an Bord war, reagierte ich dagegen erst mal mürrisch: Ständig schnorrte er meine für die Woche auf See streng rationierten Zigaretten. Dabei stellte sich jedoch heraus, dass wir einiges gemeinsam hatten. Die Schuhe (schwarze Chuck Taylor All Stars), die Alben auf dem iPod (Arctic Monkeys, The Shins, Stars, Modest Mouse), null Segelerfahrung und den Vorsatz, viel Whisky zu trinken. Wie sich herausstellte, hatten wir sogar gemeinsame Freunde in der Heimat! Mit seinen tätowierten, kräftigen Armen und seiner besonnenen Art war Christoph der perfekte Mitsegler. Mein Anfangsgrummeln verflog noch, bevor wir wirklich abgelegt hatten. Wir rempelten mit den Schotten beim Cèilidh auf der Tanzfläche herum. Ankerten in unbewohnten Buchten. Sangen laut die Shantys mit, die der Käpt'n abends unter dem Hauptmast auf seiner Quetschkommode spielte. Mit jedem Tag auf See sah Christoph bärtiger und verwegener aus. Meine letzte Zigarette teilten wie uns auf einer Sandbank sitzend. Die Abendsonne färbte die Wellen violett. Die Welt war sehr in Ordnung. Und ich verliebt.

Einen Reiseflirt in die heimische Realität zu retten, ist nicht einfach. Am besten, man hängt gleich die nächste Reise dran. Christoph besuchte mich in Hamburg. Ich ihn in Berlin. Dann buchten wir kurz entschlossen Flüge nach San Diego. Entlang der kalifornischen Küste wollten wir nach Norden fahren. Vier Wochen im Auto. Ohne uns richtig zu kennen. Wenn es dumm läuft, dachte ich, knallt einer von uns die Autotür zu und verschwindet irgendwo entlang des Highway 101 aus dem Leben des anderen. War aber nicht so. Weder eine Autopanne noch grindige Motelzimmer konnten an unserer guten Laune etwas ändern.

In Palm Springs zeigte ich Christoph die Villen von Frank Sinatra und Marilyn Monroe. Er brachte mir in Las Vegas das Craps-Spielen bei und feuerte mich mit den anderen Zockern an, wenn ich die Würfel über den Tisch pfefferte. Wir sausten in Disneyland mit den Matterhorn Bobsleds herum, bis uns schlecht war, bestaunten in Los Angeles die Filmpaläste aus den Zwanzigerjahren, spazierten in San Francisco über die Golden Gate Bridge, flogen sogar noch nach Seattle und wanderten durch den regennassen, stillen Olympic National Park. Ich dachte: Das ist die beste Reise meines Lebens! Da wusste ich ja noch nicht, wie gut uns zwei Rumtreibern das Um-die-Welt-Tauschen gefallen würde.

Das Tauschen funktioniert nicht für jeden gleich gut. In unserem Fall kommen mehrere Faktoren zusammen, die es uns leicht machen. Der wichtigste: Wir sind beide gesund und mit Anfang vierzig in einem Alter, in dem das Reisen noch keine Strapaze ist, sondern Spaß. Auch unsere Eltern – und in meinem Fall: auch meine Großeltern – sind noch fit. Die kommen gut ohne uns klar, und wir können eine Weile am anderen Ende der Welt sein, ohne ein schlechtes Gewissen haben zu müssen. Auch von Vorteil: Als Freiberufler können wir von überall arbeiten. Voraussetzung: Es gibt Strom und WLAN. Da wir keine Kinder haben, sind wir auch nicht an Schulferien gebunden. Und wir können uns für so ziemlich jede Ecke der Welt begeistern.

Die Langstreckenwanderin Christine Thürmer hat einmal zu mir gesagt: »Wenn es mir an einem Ort nicht gefällt, liegt es meist daran, dass ich nicht lange genug dort war.« Eine Erfahrung, die ich teile. Wer im Urlaub seine Liste mit »111 Orten, die man mal gesehen haben muss« abarbeiten will, wird mit Haustausch nicht glücklich. Angebote kommen von überall – aber nicht unbedingt von dort, wo man schon immer mal hinwollte. Oakland? Oaxaca? New Jersey? Alles nicht auf meiner Bucket List. Heute denke ich: ganz schön kurzsichtig. Dass solche Nicht-Urlaubsorte oft die besseren Reiseziele sind, haben wir erst durch das Tauschen begriffen. Sommer im englischen Wycombe? Weihnachten in Turin? Wir lassen es drauf ankommen. Das alles macht uns maximal flexibel.

Was auch hilft: Wir wohnen seit rund zehn Jahren in Berlin, und das gerne – aber hängen nicht wahnsinnig an der Stadt. Viele meiner Freunde haben in der Hauptstadt studiert. Sich von Ost nach West durch die Clubs gefeiert. Die Stadt als Abenteuerspielplatz genutzt, bis sie sich ernsthaft in sie verliebten. Berlin ist für sie voller Erinnerungen. Für mich ist es vor allem die Stadt, in der unsere Freunde wohnen. Doch in den letzten

Jahren fingen diese langsam an wegzuziehen. Manche in andere Städte, manche raus aufs Land. Wir merkten: Je mehr von ihnen Berlin verlassen, desto weniger hält uns dort. Reisen wiederum ist eine der Sachen, die Christoph und mich verbinden. Die uns als Paar ausmachen. Wenn uns zwei Australier den Schlüssel für ihr Haus am anderen Ende der Welt überlassen, wenn wir ausprobieren können, wie es sich in Barcelona oder Paris lebt – warum also nicht?

Wer will zu uns?

Warum es bequemer ist, sich finden zu lassen,
als selbst zu suchen

Christoph | Perth, Australien, Dezember 2016
Kurz nachdem ich als Kind irgendwann verstanden hatte, dass
die Erde eine Kugel ist, fragte ich meine Eltern, wo ich wohl
rauskäme, wenn ich mich einmal durchbuddeln würde. Eine
Frage, die vermutlich alle Kinder in diesem Moment stellen.
»In Australien«, sagten meine Eltern damals. Ich weiß ehrlich
gesagt bis heute nicht, ob das wirklich stimmt. Oder ob man
ein Stück weit neben Australien im Indischen Ozean oder der
Tasmanischen See rauskäme. Und von einer großen Welle
Meerwasser wieder durch den ganzen Tunnel zurück nach
Deutschland gespült würde.

Statt zu buddeln, sind Jessica und ich vor vier Tagen ins
Flugzeug gestiegen. Erschien uns bequemer. Wobei Bequemlichkeit relativ wird, wenn man insgesamt siebzehn Stunden
in einem engen Economy-Sitz verbringt. Ich hatte aber einen
reizenden älteren Herrn aus London neben mir. Leslie. Er ist
76 und Gitarrist in einer Hobby-Rock-'n'-Roll-Band.

»Wir spielen Chuck Berry, Little Richard, solche Sachen«,
sagte er mir, während das Flugzeug zur Startbahn rollte. Und
fügte mit gewissem Stolz hinzu: »Ich bin Leadgitarrist und
Sänger.«

Seine Band in London gibt es seit 1965, nicht immer in
exakt derselben Besetzung, *»some people come, some people go«*.

Nach Australien ist er ohne die Band geflogen, Musik machen will er hier aber trotzdem. Mit seinen Cousins, die in Australien leben. Sechs Wochen lang gehen sie hier zusammen auf Jamsessions und spielen. Leider keine öffentlichen Konzerte. Das ist schade. Ich hätte Leslie zu gerne auf einer Bühne stehen sehen. Er war schon ein wenig wacklig auf den Beinen – aber ich bin mir sicher, dass es ihn auf einen Schlag um dreißig Jahre verjüngt, wenn er seine Gitarre in die Hand nimmt und die ersten Akkorde von »Johnny B. Goode« anstimmt. Der Flug von London nach Perth war für ihn der weiteste, den er bisher angetreten ist. Genau genommen war es das erste Mal überhaupt, dass er England verlassen hat. Toller Typ. Wir halfen ihm noch, bei der automatischen Einreisekontrolle seinen Pass am Automaten zu scannen (»Verrücktes Ding!«, sagte Leslie), dann verabschiedeten wir uns.

Jetzt sitze ich auf der Terrasse unseres Tauschhauses. Als wir Alfie und Victoria vor unserer Abreise in Berlin trafen, nannten sie diesen Teil des Hauses, der halb im Freien liegt, halb überdacht ist und sogar über eine kleine Küchenzeile und einen Weber-Grill verfügt, ihren »Inside-outside-Bereich«. Keine Ahnung, ob das ein offizieller Begriff ist, aber er trifft es ganz gut. Über unseren Vorort spannt sich ein makellos blauer Himmel, und ich kann den Rosmarinstrauch riechen, der zwei Meter neben mir wächst und ungefähr so groß ist wie ein Kleinwagen.

Bevor wir abgeflogen sind, habe ich mit meinem Vater telefoniert, der mich gefragt hat, wie wir all diese tollen Orte finden, an die wir uns regelmäßig wegtauschen. Das Lustige ist: Wir finden sie gar nicht – sie finden uns. Man kann natürlich auf den Onlineplattformen auch sehr gezielt nach Wunschorten und -terminen suchen. Man kann aber auch einfach die eigene Wohnung oder das eigene Haus inserieren und warten, was so an Tauschangeboten reinflattert. Wir machen meistens Letzteres und sind damit bisher sehr gut gefahren. Aus den verschiedenen Angeboten auszuwählen, die uns erreichen, macht riesigen Spaß und hat uns schon so manchen kalten Herbst- oder Winterabend versüßt. Bisher hatten wir mit dieser Reisewundertüte großes Glück. Klar, nach Paris oder Barcelona wären wir sicherlich auch so mal gereist. Aber einige Orte wären uns bestimmt entgangen – und gerade die waren jedes Mal großartig. Der einzige Nachteil dieser Methode ist, dass es uns oft das Herz bricht, wenn wir einen Großteil der Anfragen absagen müssen. Denn – und ich hoffe, das klingt jetzt nicht angeberisch – es sind einfach zu viele. Nicht alle sind verlockend, aber doch sehr viele. Mehr, als wir tatsächlich wahrnehmen können.

Weil wir offen für alle möglichen Ziele sind, müssen wir uns kaum mit dem Verfassen von Anfragen herumschlagen. Obwohl selbst zu suchen natürlich auch funktioniert und keine immense Anstrengung ist. Die gängigen Haustausch-Plattformen verfügen über eine komfortable Suchfunktion, bei der man den Ort angeben kann, an den man will, sowie verschiedene Parameter wie Zeitraum oder wie viele Personen in dem Tauschdomizil Platz finden sollen. Man kann nach Wohnungen mit Balkon filtern oder nach Häusern mit Terrasse. Kann festlegen, dass ein Kamin vorhanden oder ein Strand in der Nähe sein soll. Und kann natürlich gezielt nach Leuten suchen, die mit dem eigenen Wohnort oder Heimatland tauschen wollen.

Klar, je spezifischer die eigene Suche und je höher die Ansprüche, desto kleiner wird die Ergebnisliste, welche die Plattform ausspuckt. Ein Beispiel: Auf HomeExchange, einer der größeren Pattformen, finde ich, während ich das hier schreibe, ziemlich genau tausend Tauschangebote aus Barcelona und der unmittelbaren Umgebung. Wenn ich Platz für eine vierköpfige Familie brauche, bleiben noch 860. Mit zwei getrennten Badezimmern noch 660. 590 davon haben einen Geschirrspüler, 370 auch noch eine Klimaanlage. Wenn ich dann auch noch einen Kamin und einen Pool möchte, bleiben nur noch neunzehn übrig. Wenn ich ausschließlich am Osterwochenende reisen möchte – man ahnt es schon –, dann wird es mit Barcelona vermutlich nichts werden. Aber andersherum kann man es ja auch sehen: tausend Möglichkeiten allein in Barcelona – wenn es also nicht unbedingt Kamin, Pool und Klimaanlage sein müssen, dann wird sich schon was finden.

Selbstverständlich kann man bei der eigenen Suche auch gezielt nach Leuten fahnden, die mit der Stadt tauschen wollen, in der man selbst lebt. Damit anzufangen, kann sich lohnen, aber Suchende müssen sich keinesfalls darauf beschränken. Denn viele machen es so wie wir: haben keine »Wunschziele« angegeben, sondern sind für alles offen. Die verpasst man also, wenn man nur nach Leuten sucht, die explizit die Stadt, in der man selbst wohnt, als Wunschziel angegeben haben.

Auf die eigene Stadt kommt es natürlich auch an, wenn es darum geht, wie viele Angebote man so pro Woche bekommt. »Klar, ihr habt es mit Berlin ja einfach«, hatte mein Vater, der in einer bayerischen Kreisstadt lebt, mir am Telefon gesagt. Und er hat recht, natürlich ist Berlin ein dankbarer Standort. Die Stadt hat derzeit international einen guten Ruf. Sie gilt als lebendig, kulturell interessant und ist, verglichen mit anderen Metropolen, noch relativ preiswert. Aber auch wenn man in einer anderen Stadt wohnt, lässt es sich gut tauschen.

Ich schaue gerade mal nach. Tatsächlich: In Flensburg habe ich eine Familie gefunden, die schon sechsmal getauscht hat – unter anderem einmal mit den USA und einmal mit Kanada. In Essen finde ich jemanden, der viermal getauscht hat, unter anderem mit Südafrika. Es muss nicht immer das ach so angesagte Berlin sein. Zumal nicht alle Tauschgesuche mit Urlaubswünschen zusammenhängen. Oft sind es auch berufliche Gründe, die Leute in die eigene Stadt führen. Unser Tausch mit Oakland kam dadurch zustande, dass unser Tauschpartner, ein Professor von der Universität Berkeley, für ein dreimonatiges Forschungsprojekt nach Deutschland eingeladen wurde. Andere Leute haben vielleicht Verwandtschaft in einer bestimmten Region Deutschlands, die sie besuchen wollen. Es gibt neben den klassischen Urlaubskriterien eben noch andere Gründe, die den Tausch für andere interessant machen können.

Wir haben das erst im Lauf der Zeit gelernt: Während die eigene Stadt für einen selbst alltäglich, normal, vielleicht sogar langweilig ist, geht für die Tauschpartner selbst von den banalsten Dingen eine Magie aus. Den Rosmarinbusch, von dem ich anfangs geschwärmt habe, nehmen unsere australischen Tauschpartner vermutlich gar nicht mehr wahr, wenn sie auf der Terrasse sitzen. Wir dagegen fotografieren hier jeden Jacaranda-Baum. Die Einheimischen schauen uns dabei manchmal ein wenig schief an. Die Dinger blühen schließlich jedes Jahr. Aber wir zücken unsere Telefone und machen begeistert Bilder von lilafarbenen Bäumen. Es ist ein bisschen wie mit den Japanern – oder neuerdings Chinesen –, die busweise in deutschen Fußgängerzonen abgeladen werden und dort von der Drogerie bis zur Parkbank alles fotografieren, was nicht bei drei auf den Bäumen ist.

Toll, so ein fremdes Land!

Zwei andere Dinge, nach denen mein Vater mich bei unserem Abschiedstelefonat vor meiner Abreise gefragt hatte: ob man als Haustauscher Englisch können müsse; und ob es ausschließlich in der Ferienzeit Tauschangebote gebe. Was die Englischkenntnisse betrifft: Wenn man Spanisch kann und mit Spanien tauschen will, so habe ich ihm erklärt, kommt man auch ohne Englisch klar. Aber es ist schon die Lingua franca der Tauschgemeinde, und die allermeisten Anfragen werden auf Englisch gestellt. Und bezüglich der Ferienzeit? Ein bisschen habe ich ihn inzwischen im Verdacht, dass er selbst mit dem Tauschen liebäugelt – als Rentner will er aber nicht unbedingt in den Ferien verreisen, wenn alle unterwegs sind. Aber das Gute ist: Haustausch funktioniert 365 Tage im Jahr. Es tummeln sich zwar viele Familien mit Schulkindern auf den diversen Tauschplattformen, die an die Ferien gebunden sind; und in der Hochsaison gibt es deswegen auch tendenziell etwas mehr Angebote. Aber auch Menschen im Ruhestand tauschen sehr oft – und die sind zeitlich wiederum meist sehr flexibel.

Einen Zeitraum zu finden, in dem beide Tauschpartner gleichzeitig verreisen können, ist manchmal trotzdem kompliziert. Die Ferienzeiten einzelner Länder variieren schließlich – und nicht alle Orte sind das ganze Jahr über attraktive Reiseziele. Die Lösung heißt »asynchroner Tausch« (oder »*nonsimultaneous exchange*«). Das heißt, wir sind nicht zur selben Zeit in der Wohnung der anderen wie diese in unserer. Stattdessen tauschen wir versetzt. Das klappt natürlich besonders gut, wenn eine der Parteien über eine Ferienwohnung oder ein Ferienhaus verfügt, das nicht dauerhaft bewohnt wird. Davon finden sich auch jede Menge in den Tauschbörsen – und man kann gezielt danach suchen. Aber wenn man so wie wir keinen Zweitwohnsitz hat, erfordert so ein asynchroner Tausch relativ viel Koordination und Geduld.

Die Königsdisziplin der Home-Exchange-Community ist wahrscheinlich der Dreieckstausch. Dass ich hier im sonnigen Australien sitzen und schreiben kann, haben wir einem solchen Dreier zu verdanken. Denn unsere Tauschpartner Alfie und Victoria sind momentan gar nicht in unserer Wohnung in Berlin. Sie reisen stattdessen quer durch Europa. Unter anderem fahren sie dabei mit dem legendären Schweizer Glacier

Express – denn Alfie ist enthusiastischer Zugfan, wie ungefähr 200 Bücher und ebenso viele DVDs hier im Haus bezeugen. Im Flur hängt sogar eine Schweizer Bahnhofsuhr an der Wand und diverse Eisenbahnposter und Zuglaufschilder. Anstelle der Australier wird eine italienische Familie den Jahreswechsel in unserer Wohnung verbringen. Und wenn die Australier im kommenden August drei Wochen in Berlin sind (dass sie auf den Berliner Winter nicht so erpicht waren, wundert mich nicht), verziehen wir uns so lange nach Turin. Die italienische Familie ist dann im klassischen *Ferragosto*-Sommerurlaub. Der Ringtausch klingt rückblickend gar nicht so kompliziert. Ihn einzufädeln hat aber eine ganze Weile gedauert. Eine Hotelbuchung geht da sicherlich schneller.

Aber vielleicht müssen es für den Anfang auch nicht unbedingt solche fortgeschrittenen Konstruktionen sein. Ein Simultantausch über ein langes Wochenende reicht vollkommen, um einen Eindruck davon zu bekommen, ob einem das Prinzip Haustausch gefällt. Und ob man genügend gute Tauschangebote bekommt, sieht man innerhalb der ersten paar Wochen. Den Mitgliedsbeitrag für eine der Plattformen hat man mit einer Nacht, die man nicht im Hotel verbringt, bereits wieder drin.

Tausch dich um die Welt

Was Wohnungstausch vom Hotelurlaub unterscheidet

Christoph | Perth, Australien, Dezember 2016
Auf das Tauschen hat mich mein Journalistenkollege Peter gebracht. Der hatte die Vorteile des Tauschens schon eine ganze
Weile vor mir entdeckt – kurz nachdem er Vater geworden war.
In seinem Blog beschrieb er die Reisen mit seiner Frau Okka
und ihrer Tochter nach Paris und New York. Dort wohnten die
drei offenbar in den tollsten Apartments. Und das völlig umsonst. Fünf oder sechs Jahre ist das inzwischen bestimmt
schon her.

Mir war Haustausch damals nur vage vertraut. Ich hatte
davon gehört, aber keinerlei klare Vorstellung. Was Peter
schrieb, klang jedoch traumhaft. Also schickte ich ihm eine
E-Mail mit einer Reihe Fragen. Er antwortete schnell und ehrlich: »Es ist unfassbar billig und verrückt komfortabel.« Er
schrieb, dass sie sich die wochenlangen Aufenthalte in Paris
und New York nie im Leben würden leisten können, wenn
sie einen Hotelaufenthalt inklusive Kinderzimmer bezahlen
müssten. Von den mitzuschleppenden Spielsachen ganz zu
schweigen. Das haben wir seitdem auch von anderen tauschenden Familien immer wieder gehört: Während Babybetten in
den meisten Hotels noch vorhanden sind, ist bei weiterem Kin-
derzubehör relativ schnell Schluss. Das ist ein weiterer un-
schlagbarer Vorteil des Tauschens: Vieles, was man braucht,

ist bereits vorhanden. Hat die andere Familie Kinder im ungefähr gleichen Alter, steht da bereits die Wickelkommode, jede Menge Spielzeug für Kleinkinder oder bei größeren das Fahrrad. Nichts davon muss man durch Abflughallen oder Bahnhöfe schleppen, nichts davon vor Ort kaufen.

Wir haben keine Kinder. Wickelkommode und Spielzeug sind deshalb nicht so wichtig. Aber wir wissen eine voll ausgestattete Wohnung oder ein geräumiges Haus natürlich genauso zu schätzen wie eine verreisende Familie. Freuen uns, dass wir uns ausbreiten und manchmal auch aus dem Weg gehen können, wenn einer mal eine schlechte halbe Stunde hat. Versuchen Sie das mal in einem Sechzehn-Quadratmeter-Hotelzimmer.

Dazu kommt, dass Hotels häufig dort stehen, wo »man gewesen sein muss« – aber eben nicht unbedingt dort, wo man sein will. Was ich meine: Sie stehen dicht an dicht rund um touristische Sehenswürdigkeiten, aber oft nicht dort, wo es sich angenehm lebt. In New York konzentrieren sich die Hotels zum Beispiel am Times Square. Natürlich ist dieser ein spektakulärer Anblick, wenn man ihn das erste Mal sieht. Wenn abends der ganze Himmel von Leuchtreklamen und Videobildschirmen erleuchtet wird. Aber will man dort leben? Will man jeden Tag das Geflacker vor Augen haben, wenn man vor die Tür tritt? Die Menschenmassen und hupenden Taxis? Das macht einen wahrscheinlich wahnsinnig. Nicht umsonst wohnen die New Yorker selbst – je nach Lebensstil und Einkommen – lieber in Brooklyn, im Greenwich Village oder in der Upper East Side. In vielen anderen Großstädten ist es ähnlich: Die meisten Hotels finden sich zwischen Bürogebäuden und Geschäften im Zentrum. Die Einheimischen leben woanders. »Man wohnt in einer Neighborhood, nicht dort, wo Hotels stehen«, schrieb mir damals auch Peter, als ich ihn fragte, was er am Wohnungstauschen am besten fände.

Nun sind einige Jahre vergangen, und ich habe das Konzept selbst ausprobiert und schätzen gelernt. Es gibt jedoch einen Moment, in dem ich das Wohnungstauschen regelmäßig verfluche: am letzten Tag vor der Abreise aus unserem jeweiligen Tauschdomizil. Die Höflichkeit gebietet es schließlich, alles wieder genauso zurückzulassen, wie wir es vorgefunden haben. Also putzen wir und schrubben wir. Saugen und feudeln. Versuchen uns zu erinnern, welchen Stuhl wir an einen anderen Ort gestellt haben und was sonst noch wieder an seinen angestammten Platz zurückmuss. In einem Hotel, denke ich mir dann jedes Mal ein bisschen sehnsüchtig, würde ich jetzt einfach die Zimmertür hinter mir zuziehen. Würde ein fröhliches Lied pfeifen, den Handtuchhaufen einfach Handtuchhaufen sein lassen und mir keine Gedanken über Zahnpastaspritzer auf dem Spiegel machen. Würde meinen Zimmerschlüssel an der Rezeption abgeben und wäre aller Sorgen ledig. Doch dann erinnere ich mich an die vorangegangenen Tage, Wochen oder gar Monate, die wir an unserem Tauschort verbracht haben. Und freue mich darüber, wie großartig es dort war. Und dann wird mir klar, wie viel wir verpasst hätten, hätten wir dieselbe Zeit in einem Hotelzimmer übernachtet.

Da ist zum einen der Platz: In den USA hatten wir jeweils ganze Häuser zu unserer Verfügung. In Mexiko immerhin das Gästehaus eines größeren Anwesens. Und in den europäischen Großstädten großzügige Apartments. Wir haben in der Regel eine Waschmaschine und eine Terrasse oder einen Balkon. Wir haben eine eigene Küche, in der wir uns etwas zu essen kochen können, anstatt andauernd in Restaurants gehen zu müssen. Nicht, dass wir etwas gegen Restaurants hätten, um Himmels willen. Aber zwei bis drei Restaurantbesuche pro Tag würde unser Geldbeutel nicht über längere Zeit mitmachen.

Bei längeren Aufenthalten arbeiten Jessica und ich außerdem meistens von unterwegs weiter. Auch während ich diese

Zeilen schreibe, sind wir als Haustauscher weit weg von zu Hause – im australischen Perth. Unterwegs das tägliche Arbeitspensum zu schaffen, wäre in Hotels zwar möglich, aber um einiges mühsamer. Anstatt uns zu streiten, wer den winzigen Tisch im Hotelzimmer benutzen darf, sitzen wir hier in Australien mal auf der Terrasse, am großen Wohnzimmertisch oder in einem der beiden Arbeitszimmer und schreiben. In Kopenhagen konnten wir auf einem Dachbalkon arbeiten und dabei unser Viertel überblicken. Keine überlaufene Touristengegend, sondern ein gemütliches Wohnviertel mit Backsteinhäusern, Bäckereien und Spielplätzen. In Princeton nahm ich das Laptop ab und zu mit in die Hängematte im Garten. Okay, ich gebe zu: Die Arbeit wurde durch mehr als ein Nickerchen unterbrochen, und einmal wurde mir vom wilden Schaukeln schlecht. Aber unterm Strich waren die »Arbeitszimmer« auf unseren Reisen meist weitaus spektakulärer und schöner als der heimische Schreibtisch – und als viele Hotellobbys.

Natürlich sind die meisten Hotelzimmer eher als Basislager gedacht: als Schlafplatz und Möglichkeit, sich zwischendurch mal frisch zu machen, wenn man tagsüber durch die Stadt streunt. Wer jedoch auf Reisen auch mal einfach nur abhängen möchte, wer ein »home away from home« sucht, der fühlt sich im Ferienhaus oder einer Ferienwohnung wahrscheinlich wohler. Oder eben mit einem Haus- oder Wohnungstausch.

Und noch ein letzter Vorteil: Im Hotel ist man entweder von anderen anonymen Reisenden oder von professionell dauerfreundlichen Hotelangestellten umgeben. Geschäftsleute starren im Aufzug gelangweilt an einem vorbei, und der Zimmerservice klopft immer genau dann, wenn man gerade Sex hat oder Mittagsschlaf hält. Beim Tauschen hingegen hat man kein Servicepersonal, sondern Nachbarn. Man führt Gespräche über den Gartenzaun und feiert zusammen Straßenfeste. Doch dazu mehr in einem anderen Kapitel.

Oh Gott, wir müssen vorher unbedingt renovieren!

Wie man ein Onlineprofil erstellt, das möglichst ehrlich und trotzdem ansprechend ist

Jessica | Berlin, Anfang 2014

»Guck mal, die haben Delfine hinterm Haus!« Nachdem Christoph uns bei homeexchange.com angemeldet hat, sitze ich schon eine geraume Weile vor dem Rechner und klicke mich durch Tauschinserate. Unser Mitgliedskonto bei der Haustausch-Plattform besteht bisher nur aus unseren Namen und dem fröhlichen Porträtfoto, das ein Freund von uns gemacht hat. Jetzt geht es darum, unsere Wohnung ähnlich sonnig zu präsentieren. Vor mir liegen noch mehrere Onlineseiten mit Fragebögen über uns, unsere Wohnung, unser Stadtviertel. Manche zum Ankreuzen. Viele aber auch mit leeren Kästchen fürs freie Assoziieren. Und das auf Englisch. Anstrengend! Mein Plan: nur mal kurz gucken, was die anderen so schreiben. Und *klick-klick-klick*, bin ich gedanklich schon auf Reisen. Gerade befinde ich mich digital im Haus von Harriet in Florida. Während ich durch die Fotos scrolle, sehe ich mich schon mit einem kühlen India Pale Ale auf ihrer Terrasse sitzen. Christoph wendet Maiskolben auf dem chromglänzenden Grill. In der Lagune schwimmen Delfine Richtung Sonnenuntergang. Hach!

Ein Blick über die Schulter bringt mich zurück in die Realität: unsere Wohnung. Definitiv eine Wohlfühlwohnung. Es gibt genug Platz für uns zwei. Eigentlich sogar für vier. Wir haben einen Balkon zum Hinterhof, eine offene Küche und vor der Tür mehr nette Restaurants und Cafés, als man in einem Monat besuchen kann. Im Vergleich zu Harriets Haus – vier Badezimmer und Delfinanleger – trotzdem kein Vergleich. Wohnungstauschern wie Harriet muss man bestimmt mehr bieten. Mir kommen plötzlich Zweifel: Was, wenn niemand in unserer Wohnung Urlaub machen will? Müssen wir erst noch renovieren? Können wir im Hinterhof zumindest ein Schwimmbecken mit Delfinen aufstellen?

»Stellen Sie heraus, was Ihr Zuhause besonders macht«, steht über dem Fragebogen. »Fügen Sie eine hübsche Beschreibung hinzu, heben Sie alle positiven Eigenschaften hervor, und seien Sie ehrlich.« Draußen hängt die Sonne tief am winterlichen Himmel. Um die Mittagszeit schaffen es dennoch immer ein paar Strahlen über das Nachbardach in mein Arbeitszimmer. Durch das Fenster kann ich auf unseren Balkon sehen. Christrosen blühen in den Blumentöpfen. Ich überlege einen Moment. Dann beginne ich zu tippen: »Helle und großzügige Wohnung in Prenzlauer Berg ...«

Möglichst attraktiv rüberkommen, aber dabei nicht schwindeln: Letztlich unterscheiden sich Haustausch-Plattformen kaum von Singlebörsen. Und genau wie bei der Partnersuche muss man sich auch beim Wohnungstausch ein bisschen überwinden, Fotos und Details über sich selbst ins Netz zu stellen. Könnte ja der Nachbar sehen. Oder die Chefin. Das Gute: Die seriösen Plattformen wahren die Privatsphäre ihrer Nutzer – soweit das bei virtuellen Wohnungsbesichtigungen eben möglich ist. Klar: Wer sich lange genug durch Angebote klickt, findet irgendwann auch unseres. Wem die Wohnung gehört, ist allerdings nur für eingeloggte Mitglieder ersichtlich.

Wenn ich mir unser Profil heute anschaue, denke ich: Wir hätten uns damals ein bisschen mehr Mühe mit den Fotos geben können. Verglichen mit den anderen Berliner Bleiben sieht unsere Wohnung nicht durchgestylt, sondern leicht abgewohnt aus. Die Lampe im Wohnzimmer steht schief. Das Sofa hat Dellen vom letzten »Mad Men«-Marathon. In der Küche hängt das Kabel vom Toaster schlapp herum. Und überall diese Ecken mit Krimskrams! Zettelhäufchen, Teeschachtelpyramiden, Bücherstapel, Stiftbündel. Wäre das kein Wohnungs-, sondern ein Singleprofil, würde es sagen: *Schluffiger Mittdreißiger mit Zeitschriftenfetisch; kocht gerne (und trinkt noch viel lieber); mag es gemütlich, hat aber kein Interesse am Einrichten.* Ehrlich? Ja. Aber einladend?

Vor dieser Frage standen 2009 auch die Airbnb-Gründer Nathan Blecharczyk, Joe Gebbia und Brian Chesky. Ihre Vermittlungs-Plattform für (bezahlte) Übernachtungen war noch keine zwei Jahre online. Wenn in einer Stadt wegen großer Konferenzen die Hotelzimmer knapp wurden, waren auch ihre Wohnungen schnell ausgebucht. Um den Hotels dauerhaft Kunden abspenstig zu machen, fehlte es aber am *je ne sais quoi.* Viele Airbnb-Apartments lagen in coolen Vierteln. Sie kamen aber nicht so rüber: zu schlechte Fotos. Gebbia und Chesky kannten sich aus dem Designstudium. Gemeinsam zogen sie los und fotografierten die Wohnungen neu. Mit den professionellen Fotos wirkte ihre Plattform urban und trendy – attraktiver als so manches Hotel. 2016 vermittelte die Plattform weltweit über achtzig Millionen Übernachtungen. Den Job von Gebbia und Chesky machen mittlerweile mehr als 10.000 von Airbnb bezahlte Fotografen. Wer seine Wohnung untervermieten will, hat die Möglichkeit, so einen Profi kostenlos zu sich nach Hause zu bestellen. Praktisch. Leider gibt es so einen Service nicht für Haustauscher. Liegt wohl daran, dass dabei (abgesehen von der Jahresgebühr) kein Geld gemacht wird. Irgendwie müssen die 10.000 Fotografen aber bezahlt werden.

Doch auch ohne Profifotografen gilt: Putzen und Aufräumen schadet vor der Fotosession nicht. Ein heller, sonniger Tag ist ideal – Tageslicht sieht nicht so hart aus wie Blitzlicht. Bei Sonnenschein kommen allerdings auch die Staubmäuse zum Vorschein. Alle Zimmer, in denen sich die Haustausch-Partner aufhalten werden, sollten auch in den Fotos auftauchen. Überbelichtete Fenster sind kein Problem. Die tolle Aussicht lässt sich ja zusätzlich fotografieren – aus dem geöffneten Fenster. Wer es besser machen möchte als wir, achtet beim Fotografieren auch auf Kleinigkeiten: Kabel und Steckdosen zum Beispiel machen sich auf Fotos nicht gut (in Wohnmagazinen kommen sie deshalb so gut wie nie vor). Was nicht zum Charme der Wohnung beiträgt – das krumpelige Geschirrhandtuch, die traurige Efeutute –, muss auch nicht drauf. Was unbedingt draufsollte: alles, was die eigene Wohnung liebenswert macht. Der Esstisch, dessen Holzplatte schon ein wenig Patina hat. Die bestickten Kissen auf dem Sofa. Gerne auch im Detail. Und, wenn das ganze Haus zum Tausch steht, eine Außenansicht (ohne Hausnummer). Natürlich nur, wenn es das eigene Haus ist.

Airbnb hat für seine Fotografen einen Leitfaden erstellt, wie ein Zuhause ins rechte Licht zu rücken ist. Einige wertvolle Tipps daraus:

- Mit Weitwinkel fotografieren (24 mm), aber nicht mit dem manchmal von Hotelfotos bekannten Fischauge, das verzerrt zu stark.
- Ein Stativ benutzen.
- Auf Augenhöhe oder leicht darunter fotografieren.
- Darauf achten, dass horizontale und vertikale Linien nicht verkrümmt sind (wenn man gerade in ein Zimmer fotografiert).

- Fernseher nur ausgeschaltet fotografieren.
- Querformaten den Vorzug geben.
- Wenn Haustiere zur Wohnung gehören: mitfotografieren.

Beispiele für gute Innenaufnahmen gibt es hier: flickr.com/fotoabroad

Das nur als Inspiration. Unsere Fotos sind, wie gesagt, Schnellschüsse. Es finden sich trotzdem immer Leute, die gerne bei uns wohnen. Für die unsere alltägliche Umgebung eine tolle Abwechslung ist – inklusive Efeutute. Auf Stadtansichten haben wir in unserem Profil dagegen ganz verzichtet. Die meisten Leute, die nach Berlin wollen, haben ja eine ungefähre Vorstellung davon, wie es dort aussieht. Und wir erwarten auch kein Foto vom Eiffelturm, wenn wir nach Wohnungen in Paris suchen (außer natürlich, er ist vom Balkon der Wohnung aus zu sehen – Riesenpluspunkt!). Bei Städten, die nicht ganz so totfotografiert sind, freuen wir uns aber immer über Umgebungsbilder. Sie helfen bei der Entscheidung.

Nachdem ich einige Fotos hochgeladen habe, wende ich mich dem Rest des Fragebogens zu. Die meisten Multiple-Choice-Fragen des Profils sind schnell abgehakt: Rauchen? Bitte nur auf dem Balkon. Kinder? Immer willkommen! Eine kostet mich jedoch längere Recherchezeit: Wie viele Zimmer hat unsere Wohnung? Klingt einfacher, als es ist. Denn in Deutschland wird, wenn man von einer Dreizimmerwohnung spricht, jedes Zimmer gezählt, das nicht Küche oder Bad ist. Im Englischen spricht man aber nicht von *three-room-apartments*, sondern von *three-bedroom-apartments*. Wir haben vier Zimmer, die theoretisch alle als Schlafzimmer genutzt werden könnten. Aber natürlich schlafen wir nur in einem. Haben wir also ein *one-bedroom-apartment*? Dann wäre ja jede Wohnung, in der nur in einem Zimmer geschlafen wird, ein *one-bedroom-apartment* – egal, ob es noch fünf andere Zimmer gibt oder gar keins. Wenn mehr als zwei Home Swapper zu uns kommen, stellen wir ein Gästebett ins Arbeitszimmer. Wird unsere Wohnung dadurch dann zu einem *two-bedroom-apartment*? Sehr verwirrend. Wir wollen niemanden mit falschen Angaben in die Irre führen – aber unser Zuhause auch nicht kleiner machen, als es ist.

Nachdem ich mich durch einige Foren gelesen habe, entscheide ich mich für *two bedrooms**. Und eine ausführliche Beschreibung der Räume im Feld »Über unsere Wohnung«. Inklusive Flächenangabe in Quadratmeter und *square feet*. Ich kreuze die Vorzüge an: Balkon, Fahrstuhl, schnelles WLAN, Spülmaschine. Und staune über all das, was unserer Wohnung offensichtlich fehlt: Pförtner, Klimaanlage, Jacuzzi, Außenpool, Fitnessstudio, Tennisplatz, Boot. Meine Güte. Geht unsere Küche wenigstens als *Gourmet Kitchen* durch? Kaum. Für eine Kücheninsel oder zwei Spülbecken fehlt der Platz, und wir kochen ganz ungourmet-mäßig mit Strom. Unseren Herd hat der Vermieter ausgesucht – offensichtlich, als er knapp bei Kasse war. Sich mit solchen (meist ohnehin nur gefühlten) Mängeln aufzuhalten, lohnt sich nicht. Würde Harriet aus Florida auch die Defizite ihres Zuhauses auflisten, stände da vielleicht: *Unser Haus ist umgeben von Sümpfen. Zwischen Memorial Day und Labor Day lassen einem die Moskitos keine Ruhe. Gelegentlich kommen Alligatoren aufs Grundstück. Bitte rufen Sie dann den Alligatoren-Abholdienst an. Durch die Nähe zu Cape Canaveral ist ohrenbetäubender Raketenlärm während Ihres Auf-*

---

* Genau genommen haben wir gar keinen *bedroom*. Laut Definition muss der vom Flur aus frei zugänglich sein und einen *closet* haben. In unserer Wohnung gibt es aber weder Einbau- noch begehbare Kleiderschränke.

enthalts nicht ausgeschlossen. Besser: sich vorstellen, man wäre Gast in der eigenen Wohnung. Was macht deren Reiz aus? Ist doch klar: Delfine hinterm Haus!

Unsere Haustausch-Partner – so wird sich im Lauf der Zeit herausstellen – kommen wiederum nach Berlin, weil sie unseren Lifestyle ausprobieren wollen. Sie wollen mitten im Kiez und nah an den Sehenswürdigkeiten dran sein. Anne and James aus Princeton klappern in den drei Wochen, in denen sie bei uns wohnen, ganze 22 Museen ab. Karen und Richard aus Oakland schicken uns Fotos von ihren urbanen Radausflügen und schwärmen davon, wie »toll und günstig« man in Berlin essen gehen kann. Weder ihre Autos noch ihre *Gourmet Kitchen* scheinen sie zu vermissen.

Kopenhagen: Entdecke die Dänin in dir

Wie wir unsere erste Tauscherfahrung machten,
Einkaufshilfe bekamen und lernten, was »hyggelig« ist

Jessica | Kopenhagen, Dänemark, April 2014
Pattapatta, pattapatta macht mein Rollkoffer. In Berlin, der
Stadt der Rollkofferhasser, rechne ich bei jedem Nachhause-
kommen damit, wegen des Krachs angeraunzt zu werden.
Aber wir sind in Kopenhagen. Stadt des Kopfsteinpflasters.
Stadt der Radfahrer. Hier klappert es überall. *Pattapatta, pattapatta. Klingeling, klingeling,* fährt eine junge Frau an uns vorbei. Ihr türkises Retrobike scheppert. Der bissige Aprilwind
zwirbelt blonde Strähnen aus dem grauen Schal, den sie sich
umgewickelt hat. Unter ihrer schwarzen Jeans lugen blaue
Turnschuhe hervor. Coole Sneaker, denke ich. Da kommt
schon – *rattaping, rattaping* – die nächste Frau angeradelt.
Schwarzes Rad, schwarze Hose, schwarze Bomberjacke. Dazu
bunt gepixelte Sportschuhe. In der Transportkiste ihres Rads
sitzt ein Junge mit sonnenblonder Ponyfrisur. Ein ebenfalls
blonder Labrador hängt seine Zunge in den Wind. Meine Güte,
sehen hier alle so umwerfend gut aus? Kein Wunder, dass sich
ganze Blogs mit dem Radfahrer-Chic der Dänen beschäftigen.
   Auch die Straße, die wir mit unseren Koffern entlang-
zuckeln, hat so einen nonchalant reduzierten Charme. Ellas
Wohnung liegt im Stadtteil Islands Brygge auf der Insel Amager. Früher standen hier Werften und Fabriken, wohnten
Arbeiter in den roten Backsteinhäusern. Bis in die Achtziger

waren weite Teile des Hafens für die Öffentlichkeit gesperrt. Heute ragen aus den stillgelegten Industrieanlagen die Glasfassaden moderner Büro- und Apartmentgebäude empor. *Lille Manhattan* – Klein-Manhattan – nennen die Kopenhagener die Neubauten am Wasser. Auch wegen der Mietpreise. In den schmucklosen mehrstöckigen Arbeiterhäusern dahinter wohnen vor allem junge Familien so wie die von Ella. Um in ihre Dachgeschosswohnung zu kommen, müssen wir erst mal den Schlüssel abholen. »Der liegt bei unserem Lieblingsbäcker. Nehmt dort am besten auch gleich ein Brot mit«, hat Ella geschrieben.

Wir parken unsere Koffer vor dem Café mit violetter Markise. Im Fenster neben der Tür stapeln sich ziegelsteingroße Früchtebrote und Sauerteiglaibe mit sich golden wölbender Kruste. Drinnen riecht es nach Zimt und Piment. Auf den grauen Sofas sitzen unter gelben Lampen lauter Leute, die fröhlich aussehen und beruflich bestimmt irgendwas Tolles und Kreatives machen. Wir scheinen es mit dem Viertel gut getroffen zu haben. Eigentlich könnten wir uns entspannen. Aber es ist unser erster Haustausch: Wir haben die Hosen voll. Zur Stärkung bestellen wir mit rosa Pfeffer beklebte Zimtschnecken und Milchkaffee. Sitzen eingewickelt in Decken vor dem Lokal. Und schauen kauend die sonnenhelle Straße entlang. Dann kaufen wir ein dunkles Brot mit ordentlich Gewicht.

»Ja, hier liegt etwas für euch.« Die Verkäuferin reicht einen Umschlag über die Theke. Immerhin: Für uns wurde wie versprochen ein Schlüssel hinterlegt.

Mit diesem in der Tasche, um ein Brot schwerer und deutlich mutiger tapern wir mit unseren Koffern weiter. Das Haus, zu dem uns Google Maps führt, ist ein efeubewachsener Bau aus dunklen Ziegeln. Mit etwas Druck schwingt die grüne Holztür auf. Drinnen riecht es nach Treppenhaus: nach unzähligen über die Jahre gebackenen Kuchen und gebratenen Eiern, nach längst aufgegessenen Sonntagsbraten, ausgetretenem Linoleum, langsam trocknenden Gummistiefeln, zitronensaurem Putzmittel. Es gibt keinen Aufzug. Wir nehmen unsere Kräfte zusammen und die Koffer hoch. Kommen schnaufend im sechsten Stock an. Mit zwei kleinen Kindern im Dachgeschoss ohne Lift – Ella und ihr Mann müssen ganz schön fit sein.

Vor der Tür steht ein Begrüßungskommando aus Schuhen. Wir stellen unsere dazu. Der Schlüssel passt – puh! Dann sind wir jetzt wohl wirklich zu Hause. Mit vom Treppensteigen und vor Aufregung klopfenden Herzen betreten wir die Wohnung, die nun für ein paar Tage unsere sein wird. Hell ist sie. Und sie wirkt weitläufig, weil es nur zwei Türen gibt: das Duschbad und das Kinderzimmer.

»Schau mal, wie nett!« Christoph hält eine Flasche Crémant hoch. Die hat Ella für uns in die Küche gestellt, zusammen mit Pralinen und einem Brief: »Willkommen in unserem schönen Zuhause. Wir hoffen, Ihr habt hier eine tolle Zeit.«

Ich schmiege mich an meinen Mann und schaue mich in der fremden Küche um. Zögernd. Als könnte ich allein mit Blicken Unordnung machen. Dass unsere Gastgeberin abwesend ist, verunsichert mich. Ganz schön privat, so eine Wohnung. Am Kühlschrank hängen Fotos. Ich erkenne Ella und Martin sofort. Es ist noch nicht so lange her, dass wir mit den beiden skypten. Wir hatten uns für das virtuelle Treffen extra hübsch gemacht, saßen gestriegelt und artig wie Schulkinder nebeneinander vor dem Computer. Und die beiden? Waren im Museum: mit dem Handy in der Hand und dem Baby im Tragetuch. Im Hintergrund flitzte ihr älterer Sohn durchs Bild. Ganz schön lässig.

Ella, eine Designerin, hat dichte blonde Haare und ein rundes, fröhliches Gesicht. Martin, ihr Mann, ist sehnig und dunkelhaarig. Er entwickelt Software. Auf dem Foto am Kühlschrank sind die beiden noch jünger. Sie stehen in den Dünen, ein Urlaubsfoto aus früheren Tagen. Auf einem anderen Bild ist Ella mit Baby zu sehen. Eines zeigt Martin zwischen lauter kleinen Gästen: ein Kindergeburtstag. Dazwischen: Familie, Freunde. Auch ein Hochzeitsfoto. Das Paar ist Anfang dreißig, der Bräutigam hält seine Braut fest an der Hand. Er strahlt so ungeniert, wie man Männer nur an ihren Hochzeitstagen strahlen sieht: voll auf Endorphinen. Die Braut reckt lachend ihren Strauß in die Luft, eine fröhliche Siegerpose. Vielleicht sind es ihre roten Locken, die mich an meine Freundin Anne erinnern – mir wird bewusst, dass die beiden auch meine Freunde sein könnten. Dass Ellas Leben, würde ich heute hineinschlüpfen, mir vielleicht gar nicht so fremd wäre.

»Haustausch«, so hat es die Journalistin Okka Rohd auf den Punkt gebracht, »macht mich zwei, drei Wochen lang zu einer anderen Frau.« Und: »Ich merke, was ich außer der Frau, die ich bin, noch alles sein könnte – und dass mein Leben auch andere Wege hätte einschlagen können.« Wer wäre ich, wenn ich nicht im Schwarzwald auf die Welt gekommen wäre, sondern auf Sjælland? Wenn ich statt in Frankfurt in Kopenhagen zur Schule gegangen wäre? Dank Ella habe ich die Möglichkeit, das auszuprobieren. Mich auszuprobieren: statt Butterbrot Buttermilch mit *Kammerjunkere* – kleinen Keksen – zu frühstücken; nicht auf Autopilot zur Tram zu marschieren, sondern mit ihrem Rad die Straße entlangzuklappern; im April mit Wikingermiene ins sechs Grad kalte Hafenbad zu springen – ob ich mich das traue? All das könnte ich wohl auch, wenn wir im Hotel abgestiegen wären. Aber in einem Hotelzimmer ist man so abgeschottet vom Alltag. Herausfinden, wie ich mich als Dänin fühlen würde (die Dänen gelten immerhin als eines der glücklichsten Völker der Welt) – das klappt besser in Ellas Wohnung.

Deswegen versuche ich es jetzt erst mal mit *hygge:* der dänischen Form von Gemütlichkeit. Vom Wohnzimmer mit seinen bis zum Boden reichenden Fenstern führen schmale weiße Stufen hinauf ins Schlaf- und Arbeitszimmer. Und zur Dachterrasse. Ich schiebe die Tür auf. Trete hinaus. Die Sonne scheint. Der Wind pustet. Ich öffne den Crémant (es ist noch ein bisschen früh, aber fühlt sich *hyggelig* an). Kuschele mich mit Christoph unter ein großes graues Plaid und schaue über die Stadt, die es zu entdecken gilt. Vermutlich strahle ich wie der Bräutigam auf dem Foto.

Es braucht allerdings mehr als ein Glas Crémant, bis wir nicht mehr wie Einbrecher durch die Wohnung schleichen. Dabei macht es Ellas Zuhause einem leicht, sich wohlzufühlen. Auf den zierlichen Kirschholzstühlen im Esszimmer liegen Schaffelle. Das graue Sofa ist so groß, dass vier Leute gleichzeitig darauf Mittagsschlaf halten könnten. Ich vergrabe mich probehalber zwischen Decken und Kissen. Perfekt zum Lesen! Nur »*The Harp*« bewundere ich lieber aus der Ferne: Jørgen Høvelskovs mutig geschwungener Sessel aus Walnussholz ist ein Design-Klassiker. Straff gespannte Schnüre ersetzen die Lehne. Ein Traum. Ein Albtraum dagegen: die Vorstellung, eine der Schnüre könnte unter meinem Gewicht reißen. Besser nur mit den Augen anfassen. Auf das Sofa gekuschelt lesen wir uns in die Eigenheiten der Wohnung (»Bitte den Küchenschrank offen lassen, während die Waschmaschine läuft«) und Ellas Ausflugstipps ein.

Unser dänisches Leben lässt sich gemütlich an. Morgens sitzen wir meist mit unseren Laptops im Esszimmer und arbeiten. Mittags gibt es *Smørrebrød* zu Hause oder beim Bäcker an der Ecke. Gegen drei Uhr klappen wir die Rechner zu und gehen die Stadt erkunden. Zu Fuß. Bei Sprühregen und Wind macht das Radeln deutlich weniger Spaß, als die Dänen durchblicken lassen.

Unsere erste Station: der Havneparken. Der Park am Wasser ist ein ehemaliges Industriegelände. Schon Ende der Siebzigerjahre versuchten Anwohner, aus der Brache eine Grünfläche zu machen. Die sprichwörtliche Graswurzel-Bewegung hatte Erfolg: Anfang der Achtziger wurde der erste Rasen gesät. Mittlerweile zieht sich eine über 400 Meter lange Liegewiese am Hafenbecken entlang. Sobald ein Spalt in den silbergrauen Wolkenbergen Sonne durchlässt, herrscht hier Hochsommerstimmung: Auf Decken und Bänken sonnen sich die Kopenhagener in Shorts und Bikinis. Nur zehn Grad? Reicht doch! Ich horche in mich hinein: Steckt vielleicht auch eine Dänin in mir? Nein, zu wenig wetterfest. Mir fehlt das Frostschutzmittel im Blut. Um kein totaler Spielverderber zu sein, knöpfe ich zumindest meinen warmen Dufflecoat auf.

Vom Neubauviertel Havnestaden bis zum Hafenbad verlaufen stillgelegte Gleise zwischen Wiese und Wasser. Vorbei an einem Pavillon, dessen Dach früher mal der Rumpf einer Fähre war. Und unter einem Spalier aus Stahlträgern hindurch, an dem Kletterrosen ranken. Überreste der Fabriken und Docks. Nachdem diese abgebaut waren, dauerte es noch eine Weile, bis die Stadt das Hafenbecken zum Baden freigab. Seit 2001 ist das Wasser sauber genug. Im Hafenbad ziehen zwei Schwimmer im bleigrauen Meerwasser ihre Bahnen. Die Becken sind mit Holz eingefasst. Aus dem tiefsten ragt eine hölzerne Freitreppe wie ein Schiffsbug hervor: der Sprungturm. Arschbomben mit Blick auf die Skyline. *Hej, København!*

Auch im Tivoli haben Besucher Decken auf der Wiese ausgebreitet. Auf der Freibühne probt gerade das Promenadeorkester. Beschwingt wedelt der Dirigent jedes Stück des Repertoires an – um nach zwei Minuten zufrieden abzuwinken und das nächste vorzugeben. In wenigen Minuten hören wir so ein Medley aus »Wiener Blut«, »Polowetzer Tänzen« und der »Aufforderung zum Tanz«. Die Tulpen in den Beeten wippen dazu gut gelaunt mit den Köpfen.

Der Tivoli ist Kopenhagens Touristenattraktion. Halb Vergnügungspark, halb botanischer Garten. *Wiiiieeeh!*, sausen die Waggons der Loopingbahn »The Demon« über unsere Köpfe. *Waaah!*, klingt es fröhlich aus der Kabine, wenn der »Vertigo« zu einem weiteren hundert Kilometer pro Stunde schnellen Überschlag ansetzt. Darunter schippern Familien entschleunigt in Drachenbooten über den Tivoli-See, kräuselt sich das Spiegelbild der prächtigen roten Pagode im Wasser. Die Attraktionen des über 170 Jahre alten Parks sehen aus, als hätten die fantastischen Welten Jules Vernes' reale Form angenommen: Ein violetter Krake jongliert mit mechanischen fliegenden Fischen. Metallene Falken kreisen um ein goldenes Sonnensystem. Entworfen hat die Karussells ein Freund von Ella. Der gleiche Künstler, der auch die Bilder in ihrem Wohnzimmer gemalt hat. Normalerweise wäre ich an den Fahrgeschäften und Pavillons vorbeigeschlendert und hätte vielleicht ein paar Fotos für meinen Instagram-Feed gemacht. Jetzt suche ich nach Ähnlichkeiten mit den Gemälden und freue mich über jedes vertraute Detail. Der Tivoli ist mir so ein bisschen näher – falls einem ein Vergnügungspark überhaupt nahe sein kann. Ich fühle mich nicht ganz so fremd.

Am vergnügtesten macht mich jedoch unser Spaziergang nach Christiania. Kopenhagens kleine Kiffer-Enklave gehört zu den Top-Sehenswürdigkeiten der Stadt (zumindest steht sie in jedem Reiseführer und auch auf Ellas To-see-Liste). Das kommt mir entgegen. Nicht wegen der Gras-Tütchen, die man dort kaufen kann. Ich mag einfach Sehenswürdigkeiten am liebsten, die draußen sind. Christoph zum Glück auch. Weshalb wir viel Zeit spazierend in botanischen Gärten, an Häfen, auf Hügeln oder in verwinkelten Gassen verbringen. Die Museen kommen dabei meist zu kurz.

Geschichtsträchtig, öko und ein bisschen verrucht kommt die Freistadt unter roter Flagge mit drei gelben Punkten einem Freilichtmuseum jedoch ziemlich nahe: Die Ideale der Siebziger wurden hier konserviert. Umgeben von Graffitiwänden und selbst gezimmerten Sperrholzburgen fühlt man sich wie in einer Outdoor-Galerie. Dass der Hippie-Hüttenzauber nicht gänzlich zum Instagram- und Selfie-Futter verkommt, liegt an den vermummten Dealern die für eine subversive Grundstimmung sorgen. Ihre düsteren Blicke machen die No-pictures-Schilder im Grunde überflüssig.

Der Fahrradschrauber in der Christiania Smedie dagegen freut sich über Fotos. Er hofft auf Kundschaft. Die stabilen Lastenräder aus Kommunarden-Hand haben sich in den vergangenen Jahren zum Exportschlager entwickelt. Von Prenzlauer Berg bis Brooklyn fahren Eltern damit ihre Kinder zum Spielplatz. Wir schauen dem Fahrradbauer zu, bis mein Magen sich meldet. Macht Passivkiffen etwa auch Heißhunger? Aus dem Café Morgenstedet weht Zimtduft herüber: Chai! Mit einem Becher Tee in der Hand und einem Stück Karottenkuchen sitze ich unter einem blühenden Hartriegelbaum und blinzle in die Frühlingssonne. Selig. Platt. Ein Kopenhagen-High.

Eigentlich sollte Kopenhagen erst mal nur ein Testlauf sein: Passen wir und das Haustauschen zusammen? Am Tag vor unserer Abreise leitet Christoph mir eine E-Mail weiter: Ein Paar aus Princeton, im amerikanischen New Jersey, fragt, ob wir im Juni drei Wochen mit ihnen tauschen wollen. Ich schaue meinen Mann an. Er grinst und nickt: Na klar!

▶ **Tipps für Kopenhagen**

- Schauen Sie sich die dänische Fernsehserie »Borgen« an: eine spannende Politikserie über die Intrigen und Macht-

45

kämpfe im Schloss Christiansborg, dem dänischen Parlament. An dem kommt man dann wiederum bei Touren durch die Stadt mehr oder weniger automatisch vorbei.

- Bringen Sie Appetit mit: Einige der besten Restaurants der Welt befinden sich in Kopenhagen. Das preisgekrönte Noma war uns zu teuer. Uns gefiel es im Restaurant Geist auch sehr gut. Und im Bror. Ein kurzer Name scheint in Kopenhagen ein gutes Qualitätsindiz zu sein.
- Gehen Sie in die Bibliothek – und wenn es nur für einen Kaffee ist. Das Café des »Schwarzen Diamanten« – der Königlichen Bibliothek, die tatsächlich so aussieht – hat einen tollen Blick auf den Hafen.
- Im Værnedamsvej, einer gemütlichen Straße zwischen den Vierteln Vesterbro und Frederiksberg, kann man wunderbar Lebensmittel einkaufen. Oder in Cafés und Weinbars den Tag verstreichen lassen.
- Wer eine Schwäche für dänische Design-Klassiker hat, findet bei Vestergaard Møbler in der Torvegade 55–57 vielleicht seinen Schatz, vester-moebler.dk.
- Der Amager Strand, Kopenhagens Stadtstrand, ist gut mit der Metro zu erreichen. Øresund oder Amager Strand aussteigen und die Nase in den Wind halten.
- An lauen Abenden hat man vom Restaurant Sticks'n'Sushi auf der Dachterrasse des Tivoli Hotels einen fantastischen Blick über die Stadt.

Älter als das Internet

Wie eine Gruppe von Lehrern vor sechzig Jahren
eine neue Art des Reisens erfand

Jessica

Als Christoph und ich mit dem Tauschen anfingen, dachten
wir: Das ist ja eine total neue coole Idee! So ein Sharing-Econo-
my-Ding wie Carsharing oder Coworking. Weder unsere Familien noch unsere Freunde hatten diese Art zu reisen schon mal
ausprobiert. Es gab jedoch etliche Portale im Internet, die
Haustausch-Urlaub vermittelten. Gut strukturiert und einfach
zu bedienen, wirkten sie ähnlich jung wie Airbnb oder Uber.
Dabei ist HomeExchange viel älter als das Internet.

Die ersten House Swapper fanden sich bereits 1953. Als Begründer gelten zwei kluge Männer mit viel Zeit: die Lehrer
A. Lehmann aus der Schweiz und Gerrit Beltman aus den Nie-
derlanden. Die langen Schulferien hatten die Gewerkschafts-
vorsitzenden auf eine Idee gebracht: Statt nur vierzehn Tage
lang irgendwo Urlaub zu machen und viel Geld für die Unterkunft zu bezahlen, könnten Lehrer doch Wohnungen tauschen.
Und das für mehrere Wochen. (Um bis zu siebzig Prozent lassen sich die Reisekosten dadurch reduzieren, schätzen Experten. Vielleicht war einer der beiden Pioniere Mathelehrer?)

Ihre zusätzliche Hoffnung: Abseits der Touristenzentren
würden die Teilnehmer mehr über das jeweilige Land lernen –
man reist ja schließlich nicht nur zum Spaß! – und so auch
zum kulturellen Austausch beitragen. Auf Fotos sehen die bei-

den Begründer nicht sonderlich abenteuerlustig aus – Lehmann trägt zur John-Lennon-Brille einen Hitler-Schnäuzer (als neutraler Schweizer konnte man sich das in den Fünfzigern offensichtlich erlauben), und der Niederländer Beltman (der ein wenig an Frank-Walter Steinmeier erinnert) hat sich die Krawatte unterm Kinn festgezurrt –, ihr gewagtes Konzept machte jedoch Schule.

»Als ich 1968 nach Tauschpartnern suchte, wusste ich nicht, dass es in anderen Ländern bereits entsprechende Gruppen gab«, sagt Lucien Mazik. Der 77-jährige Franzose ist Ehrenpräsident von Intervac, einer der ältesten existierenden Organisationen für Wohnungstausch-Willige. Als ich ihn per Skype anrufe, um mehr über ihre Ursprünge zu erfahren, ist er gerade von einer Thailandreise zurückgekehrt. Er war dort als Haustausch-Botschafter unterwegs: In Asien ist das Konzept noch nicht so weit verbreitet. Tauschpartner in Thailand, Vietnam oder auf Bali sind leider rar. »Dort wohnen oft mehrere Generationen unter einem Dach«, sagt Mazik. Home Exchanges scheitern deshalb meist an der Frage »Was machen wir mit Oma?«.

Gebräunt und ein wenig aufgekratzt sitzt der schlanke Herr vor seinem Rechner. Den beeindruckend geschwungenen Schnurrbart, den er auf Fotos früherer Tage trägt, hat Mazik nicht mehr. Das charmante Lächeln schon. Ein Streik habe ihn Ende der Sechziger auf die Home-Exchange-Idee gebracht, sagt der ehemalige Lehrer. »Ich hatte einen Monat lang nichts zu tun und viel Zeit, um nachzudenken.«

Um Tauschpartner zu finden, schaltete er Anzeigen in einer deutschen und einer britischen Lehrerzeitung. »Das waren die Sprachen, die in Frankreich am häufigsten unterrichtet wurden.« Eine Britin meldete sich. Die beiden beschlossen, eine Haustausch-Organisation aufzubauen. Sie sammelten

Adressen und Telefonnummern von interessierten Kollegen in ihren Ländern. Tippten diese auf der Schreibmaschine ab, hefteten die Listen zusammen, kopierten sie für alle Teilnehmer und verschickten sie per Post.

»Ganz schön viel Arbeit«, sagt Mazik heute. Immerhin hatte ihre Non-Profit-Organisation schon bald 200 Mitglieder. »Wenn wir uns vertippten, war das ein Riesenproblem«. Es gab keine E-Mails, keine Handys. Fotos von der Wohnung und der Umgebung, die einen erwartete, wurden eher selten verschickt. Wenn ein House Swapper mit einem Zahlendreher in der Adresse loszog, musste er im fremden Land erst mal eine Telefonzelle finden, um den Irrtum aufzuklären. Womöglich spät abends und weit weg vom nächsten Hotel. Sich darauf einzulassen – ganz schön mutig.

»Viele Leute hielten uns damals für verrückt«, sagt Mazik und lacht. Aber die reiselustigen Lehrer ließen sich von den Risiken nicht abschrecken. Mehr und mehr europäische Länder kamen dazu. Ab den Siebzigern tauschte man auch transatlantisch: mit den USA und Kanada. Aus mehreren unabhängigen Gruppen – darunter Maziks und die von Lehmann und Beltman – formierte sich schließlich Intervac. Mehrsprachige Hochglanzkataloge lösten die kopierten Adresslisten ab. »Bis zu sechs dicker Bücher haben wir pro Jahr verschickt. Mit Fotos!«

Das organisch gewachsene Netzwerk hat heute über 30.000 Mitglieder. Es basiert auf jahrzehntelangem Vertrauen. »Manche Familien tauschen schon in der dritten Generation.« Entsprechend gering sei die Rate der Aus- oder Zwischenfälle, sagt Mazik: »0,1 Prozent pro Jahr«, schätzt er. Einer von tausend Fällen.

Das Internet hat nicht nur die Kontaktaufnahme um einiges leichter gemacht. Anders als die Lehrer aus den Anfangstagen reist man auch nicht mehr ins Ungewisse. Die heutigen

Plattformen funktionieren ähnlich wie Reiseportale: Man gibt ein, wohin es einen zieht. Sortiert mittels Filter Angebote aus, die nicht passen. Und dann sucht man sich die schönsten Häuser in den besten Lagen aus und schickt eine Anfrage. Auch die Kommunikation während des Tauschs klappt besser: Wenn der Fahrradschlüssel nicht zu finden ist oder die Bewässerungsanlage im Garten nicht funktioniert, lässt sich das mit einer E-Mail oder einer SMS schnell klären.

Der schönste Nebeneffekt der Onlinekommunikation sei jedoch einer, der mit der Organisation nichts zu hat: »Das Internet bringt die Menschen näher zusammen«, sagt Mazik. »Früher lernte man meist nur das Haus und die Nachbarschaft seines Tauschpartners kennen. Heute skypen die Leute vorher und bleiben auch danach noch in Kontakt. Das ist toll.« Er spricht aus Erfahrung. In seinem Leben hat er schon über siebzig Mal getauscht.

»Wir sind alle reicher, wenn wir teilen«, steht als Motto auf der Intervac-Webseite zu lesen. Es ist der Grundgedanke der Sharing Economy. Güter zu teilen ist in unserer Gesellschaft nichts Ungewöhnliches. Jeder hat schon mal dem Nachbarn den Akkuschrauber überlassen oder sich Bücher in der Bibliothek ausgeliehen. Das Internet hat das Teilen jedoch enorm vereinfacht. Was sich früher wegen des Aufwands nur für Unternehmen rechnete – Autos, Büroplätze oder Surfbretter zu verleihen –, lohnt sich heute auch für Privatleute. Mit ein paar Klicks kann man Fremden seinen Besitz gegen Gebühr zur Mitnutzung anbieten. Anzeigen, Aushänge – passé.

Mittlerweile gibt es Verleih-Plattformen für nahezu alles, was in der Anschaffung teuer ist, aber nicht ständig gebraucht wird: Fahrräder, Werkzeug, Gartengeräte, Spielkonsolen. Das schont Ressourcen: Bereits vorhandene Rasenmäher oder Playstations kommen öfter zum Einsatz. Weniger neue müssen produziert werden. Mit Bewertungssystemen und Identitäts-Checks schaffen die Plattformen zudem eine gewisse Sicherheit: Der Typ, dem man fürs Wochenende den Grill überlässt, ist zwar nicht der Nachbar, aber auch kein völlig Fremder. Vielleicht wächst er einem sogar ans Herz: Als wir vor einigen Jahren in Big Sur in einer Airbnb-Unterkunft übernachteten, saßen wir mit unserem Gastgeber Bill in dessen verwunschenem Garten und redeten bis spät in die Nacht. Eine Begegnung, die unsere Reise schöner gemacht hat. Es stimmt also, was Lucien Mazik sagt: Das Internet bringt Menschen einander näher.

Der US-Ökonom Jeremy Rifkin sah in der Sharing Economy sogar die Kraft, die den Kapitalismus erschüttern könnte. In einem Interview sagte er 2014: »Während der vom materiellen Gewinn getriebene kapitalistische Markt auf Eigennutz basiert, charakterisiert die neue, auf wirtschaftlicher Kollaboration beruhende Welt das Interesse an der Zusammenarbeit. Der Kapitalismus bleibt präsent, aber erheblich beschnitten. Bis 2050 werden Kollektive nach und nach Unternehmen und Privatwirtschaft verdrängen. Wir sind schon auf dem Weg dahin.«

Was gegen Rifkins These spricht: Viele der Plattformen, die als Vorzeichen eines größeren Gemeinschaftssinns verstanden wurden, haben sich in global agierende Unternehmen verwandelt. Für Firmen wie Airbnb oder Uber zählen vor allem Umsatz und Marktdominanz. Die Nutzer sind eher ein Mittel zum Zweck. Ausnahme: Haustausch. Hier wird tatsächlich geteilt, hier fließt kein Geld.* Hier geht es tatsächlich um »kooperativen Konsum«, wie man die Sharing Economy auch oft bezeichnet.

---

* Von einer pauschalen Mitgliedschaftsgebühr abgesehen, die allerdings bei den meisten Plattformen dazu dient, die Infrastruktur – also die Webseiten, Server, Telefon-Hotline, etc. – zu bezahlen.

Die deutsche Historikerin Luise Tremel hat drei Bedingungen formuliert, die kooperativer Konsum erfüllen muss, damit er allen nützt: Er muss dazu führen, dass weniger Ressourcen verbraucht werden; für die Tauschenden sollen sich dadurch neue Ressourcen erschließen; und es muss zu echten Begegnungen zwischen ihnen kommen.

Dass Haustausch Ressourcen schont, war für mich einer der Gründe, es auszuprobieren: Warum soll unsere Wohnung leer stehen, wenn wir verreist sind? Uns beeinträchtigt es nicht, wenn jemand anderes darin wohnt. Vielleicht nützt es sogar den Restaurants und Geschäften in der Nachbarschaft, wenn unsere Tauschpartner stellvertretend dort essen und einkaufen, während wir weg sind.

Neue Ressourcen erschließen: Auch das funktioniert. Weil wir nichts für Hotelzimmer ausgeben und selbst kochen, können wir häufiger und länger verreisen. »Mehr Urlaub für weniger Geld« ist sicher der größte Anreiz, sich auf einer der vielen Plattformen anzumelden. Ob mit einer Dreißig-Quadratmeter-Wohnung oder einem Haus macht dabei eigentlich keinen Unterschied. Ausnahmen bestätigen die Regel. Die Plattform Behomm (spricht sich » Be Home«) versteht sich als »Haustausch ausschließlich für Kreative und Design-Liebhaber«. Wer hier Mitglied werden will, muss sich bewerben. Voraussetzung: eine Wohnung, die aussieht, als könnte man dort einen Apple-Werbespot drehen. Außerdem muss man in einem Kreativberuf arbeiten, um mitmachen zu dürfen.*

---

* Die Liste der erlaubten Professionen reicht dabei von Architekt über Kunstkritiker bis Winzer. Lustigerweise auch erlaubt: Clowns, Graffitikünstler und Swimming-Pool-Designer. Mit einem professionellen Clown zu tauschen, stelle ich mir schon wieder lustig vor. Ansonsten waren wir mit der Auswahl der gewöhnlichen Haustausch-Plattformen bislang sehr zufrieden.

Ähnlich exklusiv: auf besondere Immobilien spezialisierte Anbieter wie Thirdhome (nur Zweithäuser und -schlösser) oder Snow Swappers (Ski-Chalets). Auf den meisten Plattformen tummeln sich jedoch eher Rentner, junge Familien und Freiberufler wie wir. Leute, die gerne reisen, aber dafür nicht unbegrenzt Geld zur Verfügung haben. Haustausch gibt ihnen in dieser Hinsicht mehr Freiheit.

Klingt also erst mal nach einer guten Sache. Führt aber zu dem von Kritikern der Sharing Economy angeführten Rebound-Effekt: Menschen, die sonst aus Kostengründen keine Reise geplant hätten, kaufen sich ein Flugticket. Verbrauchen also wieder mehr Ressourcen. Geht die Rechnung trotzdem auf? Gerd Scholl vom Institut für ökologische Wirtschaftsforschung in Berlin versucht, darauf eine Antwort zu finden. Der Ökonom arbeitet an einer Studie über die Nachhaltigkeit der Sharing Economy. Noch gibt es nur wenige Erhebungen zum Thema – die Gemengelage ist zu komplex. In einem Interview zog Scholl jedoch Zwischenbilanz: »Die Potenziale der Sharing Economy überwiegen die möglichen ökologischen Nachteile.«

Bleibt noch das Miteinander. Zugegeben: Nicht alle Haustausch-Plattformen sind wie Intervac gemeinnützige Organisationen. Und nur manche helfen ihren Mitgliedern im Schadensfall wie HomeLink (siehe auch Kapitel »Kalte Füße und andere Katastrophen«). Aber das von Jeremy Rifkin beschriebene »Interesse an der Zusammenarbeit« ist groß. Weil kein Geld zwischen den Mitgliedern fließt, zahlt jeder Tausch voll aufs Miteinanderkonto ein.

Meine Erfahrung: Haustausch ist Urlaub in der Wohnung von Freunden, die man noch nicht kennengelernt hat. Obwohl es nicht immer zu einem Treffen kommt, sind mir unsere Tauschpartner alle ans Herz gewachsen. Wenn man im Bett des anderen liegt, umgeben von dessen Familienfotos, entsteht wohl automatisch Nähe. Vielleicht hat es aber auch damit zu tun, dass House Swapper ein ähnliches Welt- und Wertebild haben.

Eine von der Universität Bergamo durchgeführte Befragung von 46.000 Home-Exchange-Nutzern zeigt, dass diese fest an ihre Mitmenschen glauben: Über 75 Prozent gaben an, die meisten Menschen seien vertrauenswürdig. Diese positive Haltung zeigt sich auch in anderen Bereichen: Wer tauscht, versucht, nachhaltig zu konsumieren (73 Prozent kaufen zum Beispiel Biolebensmittel), sich zu engagieren (fast sechzig Prozent unterstützen zu Hause gemeinnützige Organisationen oder leisten Freiwilligendienst), möchte umweltfreundlich reisen (über zwei Drittel halten das für wichtig) und will mehr über andere Kulturen wissen (für 98 Prozent macht das den Spaß am Reisen aus). Der Zusammenhalt in der Community ist entsprechend groß. Und wer einmal mit dem Tauschen angefangen hat, steckt meist auch andere damit an. Bestes Beispiel: Gerrit Beltman, einer der beiden Haustausch-Pioniere. Sechzig Jahre nachdem Beltman mit seinem Tauschnetzwerk für Lehrer eine neue Form des Reisens begründete, ist sein Enkel noch begeistert dabei. Er wohnt mit seiner Frau im holländischen Vijfhuizen. Wer mit ihm tauschen möchte, findet das Haus der beiden auf der Plattform Intervac – Kamin und ein riesiger Garten inklusive.

Princeton: Leben wie im Collegefilm

Wie wir in Princeton Marshmallows gegrillt, eine orangefarbene
Party gefeiert und uns gefühlt haben wie Harry Potter

Christoph | Princeton, USA, Juni 2014
Als Erstes hören wir die Trommeln. Dann sehen wir die Parade
in leuchtendem Orange die Straße herunterkommen. Und
plötzlich sind wir mittendrin in der »*Reunion*«, dem Klassentreffen der Princeton University. Die viertälteste Universität der
USA zählt weltweit auch zu den besten. Und mit einem Ver-
mögen von 21 Milliarden US-Dollar ist sie auch eine der reichs-
ten. Dieses Geld spenden größtenteils die Alumni, die ehemaligen Studenten. Einmal im Jahr kehren sie an ihre frühere
Hochschule – ihre Alma Mater – zurück und feiern ein Wochenende lang sich selbst und ihre Studienzeit.
   Wir erleben gerade den Auftakt des Spektakels: die sogenannte P-rade. Ein Umzug, in dem nacheinander jeder Ab-
schlussjahrgang über den Campus stolziert. Angeführt wird
der Zug traditionsgemäß vom ältesten noch lebenden – oder
zumindest reisefähigen und reisewilligen – Absolventen. Dieses Jahr trägt Walter »Pete« Keenan den Paradestab. Dessen
Knauf ziert ein springender silberner Tiger, das Wappentier
der Universität. Keenan wird in einem kleinen Golfwägelchen
die von Menschen gesäumte Straße entlanggefahren und
winkt lachend in die Menge. 79 Jahre ist es her, dass er hier
seinen Abschluss gemacht hat. »Class of 1935« verkündet das
Banner, das hinter ihm getragen wird. Danach folgen die Herr-

schaften der folgenden Abschlussjahrgänge: ältere Herren in orangefarbenen Hosen, cremefarbenen Blazern und Strohhüten, manche im Rollstuhl, andere mit Rollator, alle bester Laune. Es ist aber eine Art Zeitreise durch die Geschichte der Uni, denn mit jedem neuen Jahrgang, der vorbeikommt, werden die Alumni jünger. Es ist auch eine Zeitreise durch die Geschichte der USA, denn ab 1969 sind auch Frauen dabei – vorher waren nur männliche Studenten zugelassen.

Die Jahrgänge, die ein »rundes« Klassentreffen feiern, also zum Beispiel vor zehn oder zwanzig Jahren ihren Abschluss gemacht haben, sind besonders zahlreich vertreten. Sie haben meist auch einen gemeinsamen Dresscode, der über das allgegenwärtige Orange hinausgeht. So ist die »Class of 1994« beispielsweise komplett in orangefarbene Pilotenoveralls gekleidet. Heute Abend wird jeder Jahrgang auf einer eigenen Party feiern, dort haben dann wirklich nur Ehemalige Zutritt.

Hier, bei dem öffentlichen Umzug, dürfen auch Jessica und ich zuschauen. »Ihr müsst unbedingt hingehen«, hatten uns unsere Tauschpartner geschrieben. »Es ist ein großartiges Spektakel.« Sie hatten nicht zu viel versprochen. Zwischen den Alumni tanzen Menschen in orangefarbenen Plüschtigerkostümen, und alle paar Jahrgänge ist eine musizierende Marschkapelle eingeschoben. Auch, nachdem die Parade vorbei ist, ist es rührend mit anzusehen, wie sich Menschen, die miteinander studiert, aber sich viele Jahre nicht gesehen haben, in die Arme fallen. Oder wie Väter ihren Kindern zeigen, in welchem der Wohnheime sie damals gewohnt, gelernt und das erste Mal mit Mama geknutscht haben. Nicht, dass es alle Kinder zwangsläufig interessieren würde, aber so ist nun mal das Leben.

Ein paar Tage nach der »P-rade« gehe ich über den Campus, der mit seinen gotischen Natursteingebäuden, mit den kleinen

Türmchen und Burgzinnen ein wenig aussieht wie eine Mischung aus alter britischer Eliteuni und Harry Potters Hogwarts. Seit meiner Jugend faszinieren mich amerikanische Collegefilme und -serien. Ob Dramen wie »Good Will Hunting« und »St. Elmo's Fire« oder Klamotten wie »Revenge of the Nerds« – ich liebe sie fast alle. Am meisten gefallen mir daran diese Coming-of-Age-Geschichten der Identitätssuche, der eigenen Neuerfindung. Wer will ich sein? Wie will ich leben? Wo sind die besten Partys, und wie freunde ich mich am schnellsten mit jemandem an, der ein Auto hat? Das sind doch die großen Fragen des Lebens, wenn man neunzehn ist und bereit, die Welt zu erobern. Mir erschienen die amerikanischen Universitäten mit ihrem in sich geschlossenen Campusleben immer aufregender als die über die Stadt verteilten deutschen Unis mit ihren Wochenendheimfahrern und Siebzigerjahre-Zweckbauten. In den USA spielte sich alles Interessante auf dem efeuumrankten Campus ab. Außerdem waren Partys und Musik besser (zumindest im Film) – und so schmückte jahrelang ein Poster von John Belushi erst mein Zivi- und dann mein Studentenzimmer: Es stammt aus dem Film »Animal House«, und auf Belushis Sweatshirt prangt nur ein einziges Wort, das für mich jahrelang eine Verheißung war: »College«.

Als uns in Kopenhagen die Anfrage von Anne und James aus Princeton erreichte, ob wir für einen Monat ihr Haus unweit des Campus dieser legendären Uni beziehen möchten, war für mich die Sache klar. Jessica hatte auch Lust, und so stiegen wir zuerst in den Flieger nach New York und dort im altehrwürdigen Bahnhof Grand Central in einen Zug nach Princeton, New Jersey.

Wie es sich für einen klassischen US-Unicampus gehört, gibt es hier außer der Uni nicht viel. Ein kleines Städtchen ist um das Hochschulgelände herumgewachsen: ein paar Cafés und Restaurants, Buchläden und ein herrliches Diner namens PJ's Pancake House. Dazu ein Wohnviertel, in dem Professoren und Hochschulangestellte wohnen. Eichhörnchen toben über die Dächer der pittoresken Fachwerk- und Holzhäuser. Und weil New Jersey auch der »*Garden State*« genannt wird, liegen dazwischen satte grüne Wiesen, Hügel mit Roteichen und ein lang gezogener See namens Carnegie Lake, auf dem die Ruderteams der Universität morgens und nachmittags mit gleichmäßigem Schlag ihre Trainingsbahnen ziehen.

Wenn ich mit Jessica an diesem See vorbeijogge oder über den malerischen Campus schlendere und Studenten zusehe, wie sie zum Semesterende aus ihren Wohnheimen ausziehen, dann hüpft und ziept mein Herz ein wenig aufgrund dieser bekloppten Collegefilmsehnsucht. Viele Menschen sagen, dass sie bei ihrem ersten Besuch in New York das Gefühl hatten, sie würden die Stadt schon kennen – weil sie aus Film und Fernsehen so viele Bilder von ihr im Kopf hatten: die dampfenden Gullydeckel, die ratternde U-Bahn, die geschäftigen Anzugträger an der Wall Street. Mir geht es in Princeton genauso. Ich habe das Gefühl, jede Szene, die ich hier erlebe, schon einmal in einem Film oder einer Serie wie »Class of 96«* gesehen zu haben: lernende Studenten auf dem Rasen (die allerdings mehr Frisbee spielen als in ihre Bücher gucken), Sportmannschaften beim Training, hochfliegende Mützen bei der Abschlussfeier, das ganze Programm.

Ich empfinde es als Geschenk, hier einen Monat verbringen zu dürfen. Denn ich weiß, dass ich ohne Home Exchange niemals in Princeton gelandet wäre. So weit reicht meine Collegebegeisterung dann auch nicht, dass ich Jessica zu einer Ur-

---

* Nach nur einer Staffel wieder abgesetzte, aber von mir heiß und innig geliebte Collegeserie. In Deutschland 1994 kurzzeitig auf RTL 2 zu sehen und danach nie wieder.

laubsreise hierher, ins verschlafene New Jersey, überredet hätte. Vielleicht wäre mal ein Tagesausflug bei einem New-York-Aufenthalt drin gewesen, aber selbst das erscheint mir unwahrscheinlich. Und hier einige Wochen zu leben, den Alltag kennenzulernen, ist auch etwas vollkommen anderes, als für einen Tag anzureisen, eine Campusführung zu machen und wieder in den Zug zurück in die Stadt zu steigen. Vermutlich hätten wir jedoch nicht mal das gemacht. Nein, wenn wir ehrlich sind: Nach Princeton wären wir ohne das Tauschen nie gekommen. Es sei denn, einer von uns macht noch eine sehr späte, sehr schnelle akademische Karriere und wird an die Eliteuni berufen. Aber das ist eher unwahrscheinlich.

Neben dem Hinweis auf die »P-rade« haben uns unsere Tauschpartner noch einen zweiten Termin ans Herz gelegt: die alljährliche »*Block Party*« in ihrer Straße. Eigentlich sollte ich sagen: in *unserer* Straße! »Bringt einfach einen Salat oder einen Nachtisch zum Teilen mit«, hatte uns James geraten. »Und etwas zu trinken für Euch selbst.«

Die ohnehin schon ruhige Straße, in der wir wohnen, ist für den Sonntagnachmittag komplett für den Verkehr gesperrt. Am frühen Nachmittag fangen einige der Nachbarn an, große Tische in der Mitte der Straße zusammenzustellen. Lange Bänke und Klappstühle werden drum herumgruppiert. Ein Mann schleppt eine Wanne mit Eis für die kalten Getränke heran, ein anderer rollt einen stattlichen Kugelgrill aus seinem Garten raus auf die Straße.

Jessica und ich sind ein wenig aufgeregt, denn bis auf unsere unmittelbaren Nachbarn rechts und links, mit denen wir uns schon ein wenig angefreundet haben, kennen wir niemanden. Und wollen natürlich einen guten Eindruck hinterlassen. Nicht, dass Anne und James sich hinterher anhören müssen, was für ungehobelte, unlustige, verstockte Deutsche sie da durch ihren Tausch in die Nachbarschaft gebracht hätten. Statt eines Salats wollten wir etwas typisch Amerikanisches mitbringen und haben deshalb einen *Meatloaf* zubereitet. In einer vegetarischen Variante, die zwar ein wenig seltsam aussieht, aber köstlich schmeckt. (Wir haben vor Aufregung natürlich Probe gekocht!)

Mit diesem fleischlosen Fleischklops auf einer Servierplatte, einer Schüssel Süßkartoffelsalat und einem Sixpack Bier unter dem Arm treten wir also raus auf die Straße. Hallo Nachbarn! Wir werden sofort umringt und freundlich aufgenommen. Natürlich hat sich schon herumgesprochen, dass *the German couple*, mit dem Anne und James getauscht haben, auch kommen. Da sind wir nun, stellen unseren Beitrag zum gemeinsamen Büfett und stoßen mit den Nachbarn an. Die meisten hier in der Straße arbeiten in irgendeiner Form für die Universität. Entweder als Dozenten oder in der Verwaltung. Die Männer tragen fast allesamt Poloshirts, hellbraune Shorts und Flipflops, die Frauen sind etwas weniger uniformiert und achten mehr auf Abwechslung. Kinder sausen auf Tretrollern oder Skateboards an den Rändern der Sommerparty herum, die Bäume spenden wohltuenden Schatten. Höflich werden wir in den kommenden Stunden von verschiedenen Leuten ausgefragt. Auch hier ist das Interesse am Haustauschen groß: Wo wart ihr schon überall, wo geht es als Nächstes hin, wie gefällt es euch hier in Princeton?

Es ist angenehm, mal hier, mal dort zu plaudern. Zu Hause in Deutschland wird dieser unverbindliche Small Talk oft als Oberflächlichkeit gescholten. Gerade so, als müsse jedes Gespräch mit jemandem, den man erst seit fünf Minuten kennt, sofort vom kategorischen Imperativ, der Lösung für den Klimawandel oder der Frage handeln, ob es ein Leben nach dem Tod gibt. Wir sind ganz froh über das angenehm unverfängliche Geplauder, über die Leichtigkeit, die über allem liegt. Für uns kinderlose Großstadtbewohner, die aus der Anonymität eines Mietshauses kommen, ist diese übergesunde Bilderbuch-Familien-Kleinstadtidylle etwas völlig Neues. »Wenn es so warm bleibt, müsst ihr unbedingt im Community Swimmingpool baden gehen!«, empfiehlt eine Frau mit dunklen Locken Jessica.

»Ist der nicht nur für Mitglieder?«

»Eigentlich schon. Aber wir melden euch gerne als unsere Gäste an.«

Wie war das noch mal mit der »kindness of strangers« in »Endstation Sehnsucht«? Der Freundlichkeit von Fremden? Wir erleben auf unseren Tauschreisen jedenfalls immer wieder, wie freundlich und herzensgut nicht nur unsere Tauschpartner sind, sondern auch deren Umfeld, Freunde, Nachbarn.

Zu unserer Freude ist der vegetarische *Meatloaf* eines der ersten Gerichte, das komplett aufgegessen ist. Langsam legt sich die Dunkelheit über den Unicampus und unsere idyllische Straße. Die kleineren Kinder werden ins Bett gebracht, die großen flitzen noch ein wenig durch die Gegend, froh darüber, dass sie ausnahmsweise länger aufbleiben dürfen. Als ich in der Abenddämmerung einen angespitzten Stock mit einem aufgespießten Marshmallow über die Glut eines Grills halte, muss ich grinsen. Ein weiterer Filmklischeemoment.

► **Tipps für Princeton**

• Studien belegen, dass ein Spaziergang durch den Princetoner Einstein Drive ausreicht, um den IQ um zehn Punkte zu erhöhen. Nein, stimmt natürlich nicht. Aber man fühlt sich sofort klüger. Schauen Sie sich also das berühmte »Institute for Advanced Study« in besagter Straße an, an dem Einstein bis zu seinem Tod forschte.

- Auch Einsteins Wohnhaus in der Mercer Street, in dem er von 1935 bis 1955 lebte, kann man bestaunen – allerdings nur von außen.
- Machen Sie eine der kostenlosen Campusführungen mit. Es ist nicht nur interessant zu erfahren, wie der Campus im Lauf der Zeit gewachsen ist und welche der oft von preisgekrönten Architekten entworfenen Gebäude wann dazugekommen sind; sondern es macht auch Spaß, die potenziellen Studenten und ihre Familien zu beobachten, die sich auf solchen Touren über ihre eventuelle spätere Universität informieren.
- Da Lizenzen zum Alkoholausschank aufgrund der Einwohnerzahl vergeben werden und Princeton zwar viele Studenten, aber nur wenig gemeldete Einwohner hat, gibt es viele Restaurants ohne Alkohollizenz. Die meisten davon umgehen das Problem, in dem sie Gästen erlauben, ihre eigene Flasche Wein oder Bier mitzubringen. Das kann eine Menge Geld sparen. Mitbringrestaurants erkennt man am Schild an der Tür: »BYO(B)« – *bring your own (booze)*.
- Die Stadtbücherei veranstaltet tolle Filmabende. Da sie nicht zur Universität gehört, stehen diese auch Nichtstudenten offen. Wir haben dort zum Beispiel eine tolle Dokumentation über das legendäre Burning-Man-Festival gesehen. Der Regisseur war anwesend und stand hinterher für eine lebhafte Diskussion zur Verfügung.

Fremde in unserem Bett

Für wen ist Wohnungstausch das Richtige?

Christoph | Princeton, USA, Juni 2014
Der erste Nachbar, den ich in Princeton kennengelernt hatte,
war Danny. Ich goss gerade die Pfingstrosen im sonnigen Gar-
ten, als der Mann in Shorts und Sandalen fröhlich über die
Büsche winkte, die unser Grundstück von seinem trennen. Ich
streckte die Hand über die Rosenstöcke und stellte mich vor.
»Ihr tauscht also regelmäßig?«, fragte mich Danny. »Wo
wart ihr denn schon überall?«
Ich fing an aufzuzählen und wunderte mich insgeheim.
Wenn wir zu Hause jemandem vom Wohnungstausch erzäh-
len, lautet die erste Frage nie, wo wir schon überall waren.
Deutsche stellen eher solche Fragen:

- Findet ihr es nicht seltsam, dass jemand anderes in eurer
  Wohnung ist?
- Findet ihr es nicht komisch, dass Fremde in eurem Bett
  schlafen?
- Habt ihr keine Angst, dass eure Tauschpartner eure Sachen
  durchwühlen?
- Habt ihr keine Sorge, dass die in eurer Wohnung etwas ka-
  putt machen?
- Woher wisst ihr, dass eure Tauschpartner nicht eure Unter-
  wäsche anziehen oder eure Steuerunterlagen klauen?

63

- Woher wisst ihr, dass eure Tauschpartner keine grausamen Axtmörder sind?

Die beiden letzten Fragen sind am einfachsten zu beantworten: Wir wissen es tatsächlich nicht. Aber theoretisch könnte auch der Taxifahrer, zu dem man ins Auto steigt, ein Axtmörder sein. Oder der Heizungsableser, der einmal im Jahr vorbeikommt, etwas mitgehen lassen. Ja, die Menschen, mit denen wir tauschen, sind Fremde. Aber wir haben sie uns ausgesucht. Mit ihnen gemailt, telefoniert oder via Skype miteinander gesprochen. Dank Google lässt sich zudem schnell herausfinden, ob der Typ aus Berkeley dort wirklich als Professor arbeitet oder sich das nur ausgedacht hat.

In all den Jahren, in denen wir getauscht haben, und bei den inzwischen Dutzenden von Paaren und Familien, mit denen wir schon über die Plattformen Kontakt hatten, war bisher noch kein einziger fauler Fisch dabei, kein einziger Schwindler, Betrüger oder Schlüsselerschleicher. Das bestätigen auch all unsere Tauschpartner: keine bösen Überraschungen.

Vielleicht liegt es daran, dass die Tauschplattformen in der Regel eine Mitgliedsgebühr zwischen fünfzig und 150 Euro pro Jahr verlangen. Das schreckt vermutlich schon mal die meisten Kleinganoven und jugendlichen Spaßvögel ab. Sicher, einen ambitionierten Axtmörder können auch hundert Euro nicht bremsen. Aber der findet seine Opfer doch einfacher ohne Haustausch. Erst mit uns Reisedaten abzusprechen und die Schlüsselübergabe zu arrangieren, nur um uns dann in seiner Wohnung aufzulauern? Viel zu kompliziert. Ich glaube, die Wahrscheinlichkeit, von einem Klavier erschlagen zu werden, das beim Abtransport aus einem Fenster im vierten Stock auf die Straße kracht, ist höher.

Die anderen Fragen, die uns regelmäßig gestellt werden, sind nicht ganz so einfach zu beantworten. Der Gedanke, dass für ein langes Wochenende, zwei Wochen oder drei Monate jemand anderes in den eigenen vier Wänden lebt, ist auf Anhieb tatsächlich erst mal ungewohnt und ungewöhnlich. Jessica und ich haben relativ schnell unseren Frieden damit gemacht. Aber so etwas ist natürlich eine sehr persönliche Angelegenheit – und wenn jemand allein bei dem Gedanken, dass eine andere Familie am eigenen Esstisch frühstückt, das große Gruseln bekommt, dann ist Haustausch nicht das Richtige. Zum Glück gibt es ja noch etliche andere Arten, Urlaub zu machen.

Einige der Einwände, die wir öfter hören, lassen sich recht einfach entkräften. Zum Beispiel: »Ich könnte nie in einem Bett schlafen, in dem andere Leute schon Gott weiß was gemacht haben.« Natürlich darf man so denken. Konsequenterweise sollte man dann aber auch nicht in einem Hotel übernachten. Denn dort haben bereits Hunderte andere vorher im selben Bett geschlafen. Und nicht nur das.

Außerdem wird die Bettwäsche beim Wohnungstausch ja genauso gewaschen wie im Hotel, bevor der Nächste sich reinlegt. Außer, es kommt etwas dazwischen.

Bei einer unserer Tauschfamilien ging es vor der Abreise drunter und drüber. Die fünfjährige Tochter hatte beim Aufräumen versehentlich einen der Wohnungsschlüssel in den Müll geworfen. Die Eltern bemerkten den Verlust erst kurz vor dem morgendlichen Aufbruch zum Flughafen. Sie stellten alles auf den Kopf, um den Schlüssel wiederzufinden, doch vergeblich. In der großen Hektik vergaßen sie offenbar auch, ihre Bettwäsche zu wechseln. Als Jessica und ich abends müde unter die Decken schlüpften, pikten uns mehr Krümel als in einer Keksfabrik. Wir verbuchten es unter Unaufmerksamkeit aufgrund von Abreisehektik und nahmen uns einfach frische Laken aus dem Schrank. Abgesehen von dieser kleinen Panne haben wir bisher jedoch stets saubere und aufgeräumte Unterkünfte vorgefunden.

Trotzdem muss man bereit sein, sich auf andere Wohnungen, Lebensweisen und Lebensstandards einzulassen. Und akzeptieren, dass die Tauschpartner in manchen Dingen vielleicht einen etwas anderen Geschmack haben als man selbst. Natürlich sieht man auf den Fotos in den jeweiligen Online-profilen vorher meist ziemlich genau, was einen erwartet. Und wer den Anblick von IKEA-Möbeln oder Raufasertapete auf keinen Fall zu ertragen imstande ist, muss entsprechende Angebote eben aussortieren.

Tauschen bringt einen dazu, die eigenen Standards immer mal wieder auf den Prüfstand zu stellen: Das Badezimmer unserer allerersten Tauschwohnung in Kopenhagen war beispielsweise nicht viel mehr als einen Quadratmeter groß. Auf diesem Quadratmeter war alles untergebracht: Toilette, Waschbecken, Spiegel, Dusche. Eine Mininasszelle, in der man logischerweise kaum etwas abstellen oder aufbewahren konnte, denn beim Duschen wurde sie komplett unter Wasser gesetzt. Ich bin nach wie vor froh, dass unser eigenes Bad zu Hause größer ist. Aber nach einem kurzen Moment der Irritation kam ich mit dem Minibad genauso gut klar. Und freute mich über die Dachterrasse, für die dank der Nasszelle genügend Platz war.

All das erzählte ich auch Danny, unserem Nachbarn in Princeton, während ich mit ihm im Garten stand. Natürlich nicht in jedem winzigen Detail, sondern eher in groben Zügen.

»Klingt ganz gut«, sagte er am Ende meines Galoppritts durch unsere Haustausch-Historie. »Vielleicht sollten wir das auch mal ausprobieren.« Er betrachtete sein Haus, so als wollte er abschätzen, ob dieses jemanden reizen könnte. Dann fing er seinen Sohn auf, der auf ihn zugerast kam, hob ihn hoch und wirbelte ihn einmal im Kreis herum. »Aber vielleicht warten wir auch erst einmal ab, was Anne und James sagen, wenn sie aus eurer Wohnung in Berlin zurückgekehrt sind.« Dann zwinkerte er mir zu und verschwand wieder im Haus.

TEIL II
VOR DEM TAUSCH

Das erste Date

Kontaktaufnahme und Kennenlernen per Skype

Christoph

»Für die Hochzeit meines Cousins würden wir gerne ab dem 3. August für zehn Tage nach Berlin kommen. Reizt Euch New York City? Unser Apartment liegt in Chelsea.«

»Guten Tag, mein Sohn und ich würden gerne diesen Sommer ein oder zwei Wochen in Eurer Wohnung verbringen. Wir haben ein großes Haus in Bordeaux. Habt Ihr Interesse?«

»Hallo! Wir würden gerne im August oder September simultan für zwei Wochen mit Euch tauschen. Wir sind beide Anfang fünfzig und wohnen in einem Apartment in Barcelona. Die Gegend heißt Les Corts, und das Barca-Stadion ist ganz in der Nähe. Wenn Ihr mehr Informationen über uns und unsere bisherigen Tausche haben wollt, schreibt uns einfach!«

Anfragen wie diese erreichen uns das ganze Jahr über. Welche davon man annimmt, ist natürlich jedem Haustauscher selbst überlassen. Wir achten in der Regel darauf, dass die anderen schon mal getauscht und gute Bewertungen haben – wobei wir auch schon Neulingen eine Chance gegeben haben. Irgendwo muss die erste Bewertung ja herkommen. Ansonsten entscheidet bei uns meistens eine nicht näher zu definierende Mischung aus interessantem Tauschziel und Grundsympathie für die Menschen auf den Fotos und die Art ihrer Anfrage.

Ist eine Entscheidung gefallen, der passende Tauschpartner gefunden, geht es allerdings erst richtig los. Aber wie zurrt man nun die Details fest und bespricht alles, was zu besprechen ist? Wie Menschen auf den Haustausch-Plattformen kommunizieren, unterscheidet sich extrem. Manche schreiben sehr herzlich und ausführlich. Andere sind eher kurz angebunden und auf die Fakten bedacht: Wann passt es Euch? Wann passt es uns? Könnt Ihr unsere Katze füttern, während wir nicht da sind? Einige antworten auf jede Frage blitzschnell und zuverlässig. Andere lassen sich mehr Zeit. Vielleicht spielen dabei kulturelle Unterschiede eine Rolle. Sicher ist auch das Empfinden, was höflich und was zu direkt ist, sehr individuell. »Klingt toll, wir sind sehr interessiert« kann deshalb bedeuten, dass man sich schon so gut wie handelseinig ist. Aber auch, dass noch fünf andere potenzielle Tauschpartner in der engeren Auswahl sind. Schlimmstenfalls hört man nie wieder etwas vom anderen.

Dass ein Tausch trotz Mailwechsel nicht zustande kommt, ist überhaupt nicht schlimm, ein Stück weit sogar normal. Schließlich müssen etliche Dinge geklärt werden, und manchmal kommt man eben nicht zusammen. Eine ehrliche Absage – »Tut uns leid, eine Woche ist für uns leider doch zu wenig, um bis nach Kapstadt zu fliegen« – ist dann besser, als sich einfach gar nicht mehr zu melden. Denn einen Haustausch zu organisieren, ist ohnehin genug Kommunikationsarbeit – da sollte man es den anderen nicht durch rätselhaftes Schweigen noch schwerer machen. Vielleicht ist das aber auch nur die »direkte deutsche Art«, die da aus mir spricht – und die in anderen Teilen der Erde gerne auch mal als ruppig bis unhöflich empfunden wird. Ein paarmal wähnten Jessica und ich uns jedenfalls schon halb in Florida (wundervolles Haus mit Pool), Irland (gemütliches Steinhaus mit großem Garten und einem Pub um die Ecke) und Vietnam (tolles Stadtapartment in Saigon). Doch nach ein paar ersten E-Mails hin und her, in denen der Zeitrahmen und Details besprochen wurden, endete die Kommunikation so plötzlich und unerwartet, wie sie begonnen hatte. Schade. Aber solange es im unverbindlichen Anfangsstadium geschieht, kaum zu vermeiden.

Plattformen wie HomeExchange und HomeLink bitten ihre Mitglieder darum, möglichst jede Anfrage zügig zu beantworten – auch, wenn kein Interesse besteht. Jessica und ich bemühen uns sehr, dem zu entsprechen – in Fällen, in denen wir ein wenig Bedenkzeit brauchen oder erst noch einen anderen Termin klären müssen, schreiben wir eben genau das und bitten um ein wenig Geduld. Auch dann gilt: Sobald sich abzeichnet, dass es nichts wird, geben wir Bescheid.

Wenn wir uns mit den Tauschpartnern über die grundsätzlichen Dinge einig sind, frage ich meistens nach ein paar Kontaktmöglichkeiten außerhalb der jeweiligen Tauschplattform. Ein Stück weit aus Sicherheitsgründen. Aber auch weil es hilft, ein wenig mehr über die Menschen zu erfahren, in deren Haus oder Wohnung wir wahrscheinlich bald Zeit verbringen werden. Mailadressen verraten beispielsweise oft etwas über den Beruf oder Arbeitgeber (Gmail- oder Yahoo-Adressen natürlich nicht). Wenn ich mich auf Facebook mit den potenziellen Tauschpartnern befreunde, erfahre ich etwas über ihre Interessen (und sehe vielleicht sogar ein paar Fotos von der Wohnung, die nicht extra für das Tauschprofil gemacht wurden).

Aus Datenschutzgründen ist in den Online-Tauschprofilen meist nicht die genaue Adresse angegeben, sondern nur ein Radius von ein paar Hundert Metern. Wenn wir Interesse haben, lasse ich mir die Anschrift geben. Dann kann ich auf Google Maps nachschauen, wo sich die Wohnung oder das Haus befindet. Und mir dank StreetView vielleicht sogar die Nachbarschaft und das Haus ansehen.

Theoretisch könnte ich die Fotos aus dem Tauschangebot zur Sicherheit auch durch eine sogenannte Invers-Bildersuche* laufen lassen und so überprüfen, ob die Bilder aus dem Netz geklaut wurden, um ein Fakeprofil zu erstellen. Aber das erschien mir bisher nie nötig. Stellt jemand gar keine Fotos seiner Wohnung oder seines Hauses online oder will keine anderen Kontaktmöglichkeiten herausgeben, würde ich von einem Tausch absehen. Es gibt schließlich genug andere Angebote.

Mit den Leuten zu sprechen – am besten per Skype – finde ich wichtiger als solche Cyberdetektivarbeit. In einem viertel- oder halbstündigen Gespräch lernt man sich meistens besser kennen als in einem Dutzend geschriebener Nachrichten. Und in den meisten Fällen bekommt man ganz nebenbei auch noch einen Eindruck, wie es bei den anderen aussieht. Manche Gesprächspartner geben einem sogar mit herumgetragenem Laptop eine Wohnungsführung. Aber auch Detailfragen kann man in einem solchen Gespräch gut klären. Und am Ende hat man die beruhigende Gewissheit, dass es die Tauschpartner auch wirklich gibt. Natürlich könnten sie trotzdem Mitglieder einer Verbrecherbande sein, die mühevoll das Inserat gefälscht hat und nach Dutzenden von Vorbereitungsmails nur darauf wartet, dass wir endlich in den Flieger steigen; damit sie dann mit einem Möbelwagen bei uns vorfahren und unseren mittelalten Fernseher und unsere Plattensammlung raustragen können. Aber hey – dann kenne ich dank Skype wenigstens die Gesichter der Schufte.

Aber mal ehrlich ... Diebe mit so viel Freizeit gibt es doch nur in Filmen. Und so ein Skype-Telefonat ist schon aufregend genug. Bei den ersten waren wir nervös wie bei einem Vorstel-

---

* Gibt es zum Beispiel unter tineye.com oder bei images.google.com (dann auf die kleine Kamera im Suchfeld klicken und das betreffende Bild hochladen).

lungsgespräch. Probten das freundliche »Hello!« und notierten unsere Fragen vorsichtshalber auf einem Spickzettel. Im Lauf der Zeit und im Lauf der Vorgespräche wurden wir dann ein wenig entspannter. Und als wir neulich mit einer Familie tauschten, deren erster Tauschpartner wir waren, stellte Jessica nach dem Skypegespräch amüsiert fest: »Niedlich, wie aufgeregt die waren.«

Was bei alledem aber vor allem wichtig ist: festlegen, ab wann es für beide Seiten verbindlich wird. In der Regel geht dieser Schritt einher mit dem Buchen von Flügen. Damit entstehen Kosten. Und wenn eine Seite plötzlich nicht mehr will oder kann, ein gewisser Schaden. Gerade weil die Menschen und ihre Kommunikationsstile so unterschiedlich sind, ist es wichtig, sich zu versichern: Sind wir uns einig? Können wir Flüge buchen? Jessica und ich haben es bisher so gehandhabt, dass beide Seiten nach Flügen suchen, aber noch nicht sofort buchen. Wir gleichen die Flugdaten vorher erst noch einmal ab. Manchmal stellt man nämlich fest, dass zwei Tage vor dem vereinbarten Zeitpunkt viel günstigere Tarife zu haben sind. Mit etwas Glück lässt sich der Tausch dann zwei Tage nach vorne verschieben – vorausgesetzt, dass die andere Seite noch nicht gebucht hat.* Viele Haustausch-Plattformen stellen eine formelle Vereinbarung zur Verfügung, die wir ausfüllen, wenn wir uns mit Leuten einig sind. Da stehen alle wichtigen Details noch einmal übersichtlich drin, und es wird klar, dass es nun nicht mehr um höfliches »Klingt toll«-Geplauder geht, sondern ernst wird. Also ernst im Sinne von ganz fantastisch, großartig, aufregend und lustig.

---

* Will man selbst länger bleiben als der Tauschpartner oder vielleicht noch ein paar Tage herumreisen, kann man natürlich auch vorher oder nachher noch ein paar Übernachtungen per Airbnb oder im Hotel dranhängen. Das haben wir auch schon öfter gemacht.

Kalte Füße und andere Katastrophen

Was tun, wenn der andere absagt?

Christoph | Berlin, Sommer 2015
Als ich die Fotos sah, die unsere Freunde Emma und Florian bei Facebook und Instagram posteten, war ich ein wenig neidisch: Sonnenuntergänge in den amerikanischen Südstaaten. Straßenkreuzer. Bäume, von denen das »Spanische Moos« herunterhing. Pfannkuchenberge. Die endlose Weite der Freeways. Ein bisschen fühlte ich mich aber auch stolz: Schließlich hatten Jessica und ich den beiden vom Wohnungstauschen erzählt, sie also gewissermaßen angestiftet. Als sie dann beim gemeinsamen Abendessen mit ihren Plänen herausrückten – »Wir tauschen mit einer Familie aus Tennessee!« –, konnten wir unsere Rührung kaum verbergen. Nun würden also auch die beiden die Magie des Tauschens erleben, würden für wenig Geld die große weite Welt sehen – und uns auf immer und ewig danken, dass wir ihnen den Weg in dieses Paradies gezeigt hatten.

»Toll, dass Ihr Euren Tausch so genießt«, schrieb ich also in einer E-Mail an die beiden.

»Ist kein Tausch«, kam die Antwort zurück. »Die anderen haben abgesagt. Wir sind trotzdem geflogen und schlafen jetzt mal in Motels, mal in Ferienapartments.«

Auch wenn ich für die Absage natürlich nichts konnte: Ich fühlte mich natürlich mitschuldig. Statt ihnen den Weg ins

Reiseparadies zu weisen, hatten wir den beiden also ein faules Ei angedreht. Ich schrieb, wie leid uns das tue, und fragte nach Details.

»Ist schon okay«, kam die Antwort. »Es ist trotzdem eine tolle Reise!«

Eine kurzfristige Absage ist beim Wohnungstausch das absolute Worst-Case-Szenario. Die meisten Flüge lassen sich nicht stornieren oder übertragen und können nur gegen hohe Gebühren umgebucht werden. Wenn es richtig dumm läuft, kommen noch die bereits gebuchten Karten fürs Theater oder einen Dampferausflug obendrauf. Das Geld ist weg und wird nur selten erstattet. Unter anderem deshalb ist es so wichtig, ganz klar zu besprechen, ab wann eine Tauschunterhaltung verbindlich wird und ab wann Flüge gebucht werden und so weiter (siehe Kapitel »Das erste Date«).

Im Fall von Emma und Florian hatten beide Seiten wohl eine unterschiedliche Vorstellung davon, wie einig man sich bereits war. »Mir schien die Sache ausgemacht«, erzählte Emma nach ihrer Rückkehr. Da konnten die beiden über den Absageflop zum Glück schon wieder lachen. »Aber für die anderen offenbar noch nicht. Das ist wohl das Problem, wenn amerikanische Höflichkeitsfloskeln und die deutsche Eins-zu-eins-Mentalität aufeinandertreffen.« Für Emma war die Sache nach einigen positiven Nachrichten hin und her bereits fix vereinbart: Sie buchte die Flüge. Als sie ihren Tauschpartnern die Ankunftszeiten durchgab, erhielt sie eine abwehrende Antwort: Sie hätten jetzt leider doch den ganzen Sommer die Handwerker im Haus und müssten diese überwachen, könnten also nicht verreisen. *So sorry!*

»Letztlich hätte ich es einfach noch mal festzurren müssen«, sagte Emma und holte die zweite Runde Bier aus dem Kühlschrank. »Aber ich war doch so voller Vorfreude und aufgeregt.« Deswegen machten sie auch keinen Versuch, die vermittelnde Plattform um Hilfe zu bitten oder ihre Flüge zu stornieren. »Wir wollten ja in die Südstaaten«, sagte Florian. »Tausch hin oder her. Wir haben uns Unterkünfte gebucht und sind trotzdem geflogen.«

Es kann immer mal vorkommen, dass familiäre Gründe einen Tausch unmöglich machen – auch, nachdem man sich guten Gewissens geeinigt hat. Dann ist Schadensbegrenzung angesagt. Sollten Jessica und ich einen vereinbarten Tausch nicht antreten können – was bisher zum Glück nie vorkam –, würden wir alles versuchen, um einen Ersatz für unsere Tauschpartner zu finden: Freunde fragen, die in der Nähe wohnen und die vielleicht Lust auf einen Wohnungstausch haben, und die Tauschplattform um Hilfe bitten. Denn diese schickt in solchen Fällen auch mal eine Nachricht an alle infrage kommenden Nutzer raus: »Tine und Lars aus Amsterdam suchen eine Unterkunft in Berlin«, stand in so einer Rundmail, die uns letztes Jahr kurz vor Ostern erreichte. Ein Tausch war für uns zu dem Zeitpunkt nicht möglich, helfen wollten wir trotzdem. »Ihr könnt drei Nächte bei uns im Gästezimmer schlafen«, boten wir den Niederländern an. Die lehnten ab – sie hatten kurzfristig Ersatz gefunden –, aber freuten sich sehr: »Haustauscher sind die tollsten!«

Selbst hängen gelassen zu werden, macht die Sache richtig kompliziert: Rechtlich hat man nur wenig in der Hand. »Grundsätzlich ist zwar mit der Tauschvereinbarung ein gültiger Vertrag zustande gekommen, und wer den Tausch absagt, löst damit Schadensersatzansprüche aus«, erklärt mir ein Hamburger Rechtsanwalt, den ich zu dem Thema befrage. »Theoretisch haben Sie also ein Recht darauf, ihre Flugtickets von der Gegenseite erstattet zu bekommen. Das Problem ist nur: Sie werden diese Forderung nicht durchsetzen können, weil sie dazu in Südafrika oder auf Hawaii klagen müssten –

oder wo immer Ihr Tauschpartner eben sitzt. Das ist nahezu aussichtslos.«

Eine Reiserücktrittsversicherung springt möglicherweise ein, wenn man selbst die Reise absagen muss – allerdings nur bei Gründen wie Krankheit oder einem Todesfall in der unmittelbaren Familie. Lässt der Tauschpartner einen hängen, hilft auch die Versicherung nicht. Einige Tauschplattformen bieten deshalb eine gewisse Absicherung an. Bei HomeLink beispielsweise kann man für zusätzliche zwanzig Euro pro Jahr eine »Tausch-Rücktrittsgarantie« abschließen.* Manche anderen Plattformen haben vergleichbare Versicherungen oder Garantien. Diese sind jedoch selten in der Mitgliedschaft inbegriffen, sondern müssen separat vereinbart (und bezahlt) werden. Insgesamt ist das Risiko einer kurzfristigen Absage, für die kein Tauschersatz gefunden werden kann, aber wohl sehr gering. Ein Vertreter der Plattform HomeLink spricht in einem Interview mit der Tageszeitung *Die Welt* von »ein, zwei Fällen« in Deutschland pro Jahr.

Der beste Schutz vor Ausfällen: mit Menschen zu tauschen, die das regelmäßig machen. Denn die wissen, wie ärgerlich

---

* Diese greift allerdings auch nur, wenn der Tauschpartner aufgrund von Krankheit oder Todesfall in der Familie absagt und dies auch via Attest oder Todesfallbescheinigung nachweisen kann. Gegen einen verantwortungslosen Stinkstiefel, der es sich einfach anders überlegt, ist man auch mit dieser »Garantie« nicht gefeit. Zusätzlich müssen die Mitgliedschaften beider Parteien zum Zeitpunkt der Tauschabsprache noch mindestens sechs Monate gültig sein, und es muss eine eigene Reiserücktrittsversicherung vor dem Tausch abgeschlossen worden sein. Erst, wenn keines der von der Plattform vermittelten Ersatzangebote für einen Tausch infrage kommt, werden Kosten bis maximal 2000 Euro erstattet. Eine »Rundum-sorglos-Garantie« ist das aufgrund der zahlreichen Einschränkungen und Vorschriften also auch nicht.

es ist, plötzlich ohne Bleibe dazustehen. Und sind deshalb engagierter und vielleicht auch zuverlässiger als komplette Neulinge, denen die Tragweite einer Absage in letzter Minute vielleicht noch nicht klar ist. Aber auch Neulinge brauchen natürlich eine Chance. So wie wir damals, als wir frisch auf der Plattform waren und keine einzige positive Bewertung in unserem virtuellen Gästebuch vorweisen konnten.

Falls du das hier also liest – danke, Ella!

Bedienungsanleitung für unsere Wohnung

Wie man den Tauschpartnern hilft, sich zurechtzufinden

Christoph | Berlin, vor dem ersten Tausch, Frühling 2014

Unser erster Tausch, nach Kopenhagen, fand über ein Osterwochenende statt. Der Zeitraum war vereinbart, die Flüge gebucht – aber trotzdem hatten wir noch so viele Fragen.

»Darf man in fremden Wohnungen eigentlich die Plattensammlung mitbenutzen?«, dachte Jessica laut nach.

»Wie trennt man den Müll in Dänemark – die sind da doch bestimmt mindestens so penibel wie wir Deutschen, oder?«, fragte ich zurück.

Würde es Blumen zu gießen und Briefkästen zu leeren geben? War das Olivenöl oder das Waschpulver unserer Gastgeber Allgemeingut – oder würden wir alles selbst kaufen müssen? Und natürlich die größte, die dringendste, die alles in den Schatten stellende Sorge der Menschen im frühen 21. Jahrhundert: »Wie kommen wir da ins Internet?!«

Wir hatten zwar ein Skype-Telefonat mit unseren Tauschpartnern für das kommende Wochenende verabredet, aber ich wollte ihnen trotzdem nicht mit einer endlos langen Liste an banalen Anfängerfragen gegenübersitzen. »Weißt du noch, die Deutschen? Haben als Erstes nach Mülltrennung gefragt und ob sie unseren Kram benutzen dürfen« – so möchte man ja nicht unbedingt in Erinnerung bleiben. Doch als hätten sie unsere Gedanken aus der Ferne gelesen, schickten die Kopenhagener noch vor unserem Skype-Kaffeekränzchen eine E-Mail: »Hallo Ihr zwei, hier ist ein kurzes Infoschreiben über unsere Wohnung, das wir für unsere Tauschpartner gemacht haben.«

Das »kurze Infoschreiben« entpuppte sich als ausführliches Word-Dokument, das wirklich all unsere Fragen detailliert beantwortete. Auch in Sachen Internetzugang wurden wir beruhigt. Wir erfuhren sogar, dass das WLAN-Netzwerk der Wohnung – »Rue Alibert« – nach der Straße in Paris benannt ist, in der die beiden wohnten, als sie ihren ersten WLAN-Router bekamen. Keine essenzielle Information, aber letztlich sind es solche Kleinigkeiten, durch die man seine Partner ein wenig besser kennenlernt und die das Tauschen so persönlich machen.

Dazu kamen wertvolle Ratschläge wie: »Wenn es windig ist und Ihr den Wäscheständer auf die Dachterrasse stellt, beschwert ihn mit dem Ziegelstein, der dort liegt – sonst wird er umgeweht oder fliegt euch davon.« Das Tollste aber waren die Tipps der beiden für Kopenhagen und ihr Stadtviertel im Speziellen. Von der besten Bäckerei im Quartier über ihre Lieblingsrestaurants bis zu den coolsten Klamottenläden hatten sie alles zusammengetragen. Diese Empfehlungen machten unseren Aufenthalt wirklich besonders. Denn die großen Sehenswürdigkeiten, die Klassiker und »Must-sees«, bietet einem auch jeder Reiseführer. Aber welcher von den drei Supermärkten im Viertel die größte Käsetheke hat und in welchem Café man den leckersten Brunsviger-Kuchen bekommt – das wissen vor allem die Einheimischen. Und aktueller als die Informationen im Reiseführer sind deren Tipps noch dazu.

Doch mit der Freude über all diese Informationen kam die Erkenntnis: So ein Dokument müssen wir auch erstellen. Und so verbrachten Jessica und ich die nächsten Abende damit, alles zusammenzuschreiben, was uns zu unseren eigenen vier Wänden einfiel. Manches davon lag auf der Hand: das WLAN-

Passwort (11KarlKlammer#0) oder unsere Vorräte (gerne alles essen, aber nachkaufen, was aufgebraucht wird). Auf anderes kamen wir erst nach einigem Überlegen. Eine kleine, keinesfalls vollständige Auswahl:

- Wie kommt man mit den öffentlichen Verkehrsmitteln vom Flughafen zu unserer Wohnung?
- Wo ist unser Sicherungskasten?
- Wo ist die nächstgelegene Notaufnahme?
- Wie gelangt man in den Fahrradkeller?
- Wo ist der günstigste Supermarkt, wo der mit dem größten Angebot?
- Wie funktioniert die Spülmaschine, und was ist, wenn das rote Lämpchen leuchtet?

»Juhu, endlich musst du mal aufschreiben, welche der sieben Fernbedienungen im Wohnzimmer zu welchem Gerät gehören«, jubelte Jessica zwischendurch. »Und vor allem, auf welchen dreien davon ich was drücken muss, wenn ich Netflix gucken will.«

»Das ist doch ganz einfach«, antwortete ich in genau dem oberlehrerhaften Tonfall, von dem ich weiß, dass er meine Frau auf die Palme bringt: »Du schaltest mit dieser Fernbedienung den Fernseher auf HDMI-Eingang Nummer 3, dann nimmst du diiieese Fernbedienung und schaltest ...«

»Schreib. Es. Einfach. Auf«, sagte Jessica, während sie sich die Ohren zuhielt.

Natürlich wollten wir es uns auch nicht nehmen lassen, der Kopenhagener Familie Tipps zu geben, wie sich in Berlin angenehm Zeit verbummeln lässt. Wir machten eine Liste mit Spielplätzen in der Nähe und unseren liebsten Geschäften. Wir verrieten unseren Stammitaliener, lobten den Vietnamesen vor der Tür und empfahlen ihnen, am Sonntag in den nahe gelegenen Mauerpark zu gehen, weil sich dort Hunderte von Menschen zum Open-Air-Karaoke treffen.

Es machte Spaß, diese Bedienungsanleitung für unsere Wohnung zu verfassen – eine Art Minireiseführer für das Leben in unserem Viertel und dem Rest der Stadt. Aber all das zusammenzuschreiben kostete auch ganz schön viel Zeit. Das Gute ist: Mit jedem neuen Tausch macht sich die Arbeit mehr bezahlt, weil wir das Dokument inzwischen nur noch minimal überarbeiten müssen. Mal muss ein Café gestrichen werden, das nicht mehr existiert, dann ein neuer Absatz über die Schlafcouch eingefügt werden, die wir voriges Jahr gekauft haben. Aber das geht in fünf Minuten – und bisher haben sich all unsere Tauschpartner über das Dokument gefreut und für die Tipps darin bedankt. Anne und James aus Princeton waren besonders eifrig beim Abarbeiten unserer Empfehlungen: Nachdem zwei der vier Tauschwochen vorüber waren, bekamen wir die Nachricht, dass die beiden sich bereits durch sämtliche unserer Restaurantempfehlungen durchgefuttert hätten. »Eure Tipps waren sensationell«, schrieben sie. »Könnt Ihr uns noch mehr Empfehlungen schicken?«

Ganz klar ein weiterer Pluspunkt des Wohnungstauschs: Man vermeidet durch die persönlichen Empfehlungen nicht nur langweilige Massenrestaurants und Tourifallen – sondern kann durch das ganze Geld, das man nicht für Hotelübernachtungen ausgegeben hat, auch am laufenden Band essen gehen. Im Fall von Anne und James: dreimal am Tag.

Nicht jeder verfasst so ein ausführliches Dokument. Manche Tauschpartner schicken einem ein fünfzigseitiges Dossier, andere legen nur einen handschriftlichen Zettel auf den Küchentisch, auf dem das WLAN-Passwort steht und zwei Sätze zur Mülltrennung. Internet und Recycling – diese beiden Dinge sind offenbar die tragenden Säulen nicht nur der Haustausch-Community, sondern unserer gesamten modernen Zivilisation.

So sieht es auch mein guter Freund Tobi, der durch uns zum Haustauschen gekommen ist. »Wir legen den anderen einen Zettel mit dem WLAN-Passwort hin und haben uns vorher bereits per WhatsApp vernetzt«, sagt er, während wir beim besten Falafel-Imbiss des Viertels sitzen – der natürlich in unserem Wohnungsdokument empfohlen wird. »Wenn es dann irgendwelche Dinge zu klären gibt, fragen uns die anderen einfach. Mir ist es lieber, ich beantworte jeden Tag ein oder zwei Fragen per WhatsApp, als so ein langes Dokument zu verfassen, das dann eh nicht gelesen wird.«

Mit dem letzten Punkt hat er natürlich recht: Je umfangreicher die Information, die man seinen Tauschpartnern hinterlässt, umso größer die Chance, dass die entscheidenden Punkte überlesen werden. »Bitte Blumen gießen« zum Beispiel oder »Der Gasofen hat ein paar lebensgefährliche Eigenarten, wenn man ihn nicht richtig bedient«.* Andererseits freuen wir uns selbst immer über ausführliche Instruktionen. Dadurch müssen wir die Tauschpartner nicht dauernd mit Fragen behelligen, zum Beispiel, wenn wir die schwedischen Begriffe auf der Waschmaschine nicht verstehen. Und die Tipps unserer Tauschpartner führten uns zu den tollsten Orten: der etwas abseits gelegenen, aber sensationell guten Pizzeria in Princeton zum Beispiel. Den zahlreichen Bäckereien in Sophies Viertel in Paris mit ihren butterigen Croissants und fluffigen Brioches. Oder den Footballspielen der nahe gelegenen High School, mit denen wir in Oakland unsere Freitagabende verbrachten. Dieser uramerikanischen Tradition des »Friday Night Football« einmal beizuwohnen – die wütenden Coaches, die stolzen Eltern und die lautstarke Marschkapelle an einem lauen Spätsommerabend zu beobachten – war ein tolles Erlebnis. Und wäre doch zu klein für jeden Reiseführer.

---

* Das erste Beispiel ist real, das zweite ausgedacht.

Wohnungstausch ist wie Frühjahrsputz

Vom Aufräumen und Ausmisten

Jessica | Berlin, Abreisevorbereitungen, Frühling 2014
Unsere Wohnung ist ein schwarzes Loch. Ein astronomisches
Monster, das beständig Staub und Materie anzieht. Anders
kann ich mir nicht erklären, wie sich all das Zeug angesam-
melt hat. Auf meinem Schreibtisch: babylonische Zetteltürme,
die auf geheimnisvolle Weise von der Schwerkraft zusammen-
gehalten werden. Das Bücherregal: voll besetzt – und das nicht
nur in der ersten Reihe, sondern auch auf den uneinsehbaren
Plätzen dahinter. In der Küche drängen sich Pfeffer-, Zimt-,
Kümmel- und Kurkumatütchen dicht aneinander. Wächst
auf den Gewürzinseln überhaupt noch irgendwas? Auch in
den Vorratsschrank passt keine Linse mehr. Ich schließe ihn
behutsam, bevor er explodiert. Weiter ins Badezimmer. Mit
den angebrochenen Shampooflaschen im Bad könnten wir
sämtlichen Woodstock-Besuchern Haare und Bärte waschen.
Nächste Haltestelle: Kleiderschrank. Warum bloß habe ich vier
Dirndl gekauft? Es gibt doch nur ein Oktoberfest pro Jahr. Und
wann hat Christoph all diese Turnschuhe in unseren Flur ge-
baggert? In einer Woche stehen Ella, ihr Mann und ihre zwei
Jungs auf der Matte. Sicher möchten sie ihre Koffer auspacken
und ihre Sachen irgendwo hinräumen. Wir müssen dringend
Platz schaffen!

Seit unserem ersten Tausch mit den Kopenhagenern ist die Aufräumaktion vor der Abreise Tradition. Andere Familien machen Frühjahrsputz. Wir misten aus – und das mehrmals pro Jahr. Einfach ist das nicht. Beim ersten Mal sortierten wir kistenweise Bücher, DVDs und CDs aus, um sie bei Onlinehändlern wie Momox und Medimops zu verkaufen. Standen mit unseren Handys vor den Regalen, scannten Barcodes und verglichen Ankaufspreise. Stück für Stück verschwand in den Versandkisten: meine Star-Trek-DVD-Boxen, dank denen ich zwei Jahre in einer WG ohne Fernsehanschluss überlebt hatte; der drei Kilo schwere samtgelbe Begleitband zu Billy Wilders »Some like it hot« – bislang hatte mich kein Umzug davon trennen können; auch meine signierten World-of-Warcraft-Spielkarten landeten in der Kiste. Für die Unterschriften der Entwickler hatte ich auf der Messe BlizzCon im kalifornischen Anaheim eine Stunde in der Schlange gestanden! Meine Finger waren grau vom Staub. Mein Herz ausgeblutet.

»Deine Smiths-CDs kannst du auch einpacken. Wir haben alle zweimal«, vermeldete Christoph aus dem Wohnzimmer.

Mit einem Aufheulen feuerte ich die Tür zu. Doch ich gewöhnte mich daran, Sachen gehen zu lassen. Schickte ausgeleierte Pullover zu einem Onlinehändler namens Buddy & Selly. Trug zu kleine Schuhe zum Secondhandladen. Auch einige kaum genutzte Küchengeräte mussten gehen: Waffeleisen, Sandwich-Maker, Entsafter. Unsere Wohnung wurde leerer. Oder sagen wir: weniger voll. Ich fühlte mich dadurch leichter. Zur Belohnung kam durch die Verkäufe ein bisschen Geld in die Reisekasse.

Mittlerweile ist das Ausmisten kein dramatisches Abschiednehmen mehr. In der Woche vor unserer Abreise reserviert jeder von uns pro Tag eine Stunde für eine Ecke, die ordentlicher werden soll. Das genügt. Auch, weil wir weniger anschaffen: Ja, die Vase vom Flohmarkt würde toll zur Wohnzimmerlampe passen, und mit einer elektrischen Kaffeemühle wäre der morgendliche Kaffee vielleicht noch leckerer. Aber sie nehmen auch Platz weg. Stauben ein. »Stehimwegs« hat eine Freundin solche Dinge mal genannt. Wenn man viel reist, halten sie einen nur auf.

Eine Sache haben wir aber doch angeschafft: die Schlafcouch. Auf Wunsch der Kalifornier. Bis dahin hatten wir immer eine Matratze aus dem Keller geholt, wenn Freunde oder mehr als zwei Haustauscher bei uns übernachteten. Für ein Wochenende – voll okay. Karen und Richard wollten jedoch ihre erwachsenen Töchter mitbringen: »Könntet ihr bitte ein richtiges Bett aufstellen? Wir überlassen euch dafür auch gerne drei Monate lang unser Auto.«

Ein verlockendes Angebot. Und für Langzeitgäste war die Matratze wohl wirklich keine gute Lösung. Also suchten wir im Netz und in verschiedenen Möbelläden, bis wir eine schicke bequeme Klappcouch gefunden hatten: solider Lattenrost, Federkernmatratze, 160 mal 190 Zentimeter. Dafür flog das alte Ledersofa in meinem Arbeitszimmer raus.

Der erste Schlaftest verlief allerdings nicht gut. »Viel zu hart! Ich will die Matratze zurück«, beschwerte sich meine Freundin Wiebke. Mit zwei gepolsterten Matratzenauflagen ging es dann. Vielleicht musste das Sofa auch erst ein paar Nächte »eingeschlafen« werden.

Auch wenn das Aufräumen nicht mehr so viel Zeit einnimmt: Die To-do-Liste vor der Abreise wird nicht kürzer. Für jede Sache, die erledigt ist (Fahrräder aufpumpen, falls unsere Tauschpartner eine Radtour machen wollen), kommt eine neue (Garderobe freiräumen, Duschvorhang waschen) hinzu. Als Teenager fand ich es absurd, wenn meine Mutter vor dem Urlaub anfing, die Fenster zu wienern oder den Kühlschrank zu säubern. Die Wohnung stand doch leer! Seit wir Gäste haben, während wir weg sind, feudele ich vor deren Ankunft mit dem Schrubber über den Balkon, während Christoph den Kleiderschrank entstaubt.

Klingt bekloppt? Ist es vielleicht auch. Aber manche Putzarbeiten würden irgendwann sowieso anfallen – so konzentrieren sie sich eben auf die Woche vor unserer Abreise. Und wir möchten nicht in einer Wohnung sitzen, die so aufgeräumt ist wie eine Raumstation, während unsere Tauschpartner in Berlin Wollmausangriffe abwehren müssen und sich von unseren Sachen erdrückt fühlen. Außerdem haben wir am Ende ja auch was davon: Ist doch schön, wenn man in eine ordentliche Wohnung zurückkommt. Dieser Satz hätte jetzt eins zu eins auch von meiner Mutter stammen können. So weit ist es also schon gekommen.

Wie viele Schubladen oder Schrankfächer wir für die Gäste frei machen, hängt davon ab, wie lange wir tauschen. Im Schlafzimmer steht ein Kleiderständer mit genügend Kleiderbügeln, um Garderobe für mindestens zwei Wochen aufzuhängen. Zusätzlich räumen wir noch ein paar Kommodenschubladen leer. Den Kaliforniern Karen und Richard, die ganze drei Monate zu Besuch waren, überließen wir die Hälfte unseres Kleiderschranks. Unsere Sachen verstauten wir so lange im Keller.

Den Kühlschrank essen wir leer: Abgesehen von unkaputtbaren Lebensmitteln wie Senf oder Marmelade wird alles verkocht, was wir angebrochen haben. Christophs liebevoll gehegter Sauerteigansatz, der im Glas vor sich hin blubbert, bekommt einen Aufkleber: »*Sourdough*«. Auch alles andere, das für unsere Gäste vielleicht fragwürdig aussieht, aber nicht in der Tonne landen soll.

Mit zunehmendem Alter entwickeln Wohnungen Macken. »Achtung, Tür hängt sich aus«, stand in Barcelona auf einem Post-it am Küchenschrank. In Mexiko lag eine mehrseitige Anleitung neben dem Wasserboiler: »Bitte beachten.« Zum Glück wohnte Oma Paula mit im Haus. Sie bändigte den muckenden Boiler schneller, als wir das je gekonnt hätten. Auch wir kleben Zettel an alles, was sich vor der Abreise nicht reparieren lässt oder einer besonderen Erklärung bedarf. Ausnahme: mein dänisches Sideboard aus den Fünfzigerjahren. Die Schiebetüren gehen nur auf, wenn man die linke Tür etwas anhebt. Da es unser einziger Schrank mit Schlüssel ist, räume ich meine Spiegelreflexkamera und mein iPad hinein und schließe es ab.

»Was macht ihr eigentlich mit euren Wertsachen?« ist eine Frage, die fast jeder stellt, dem wir vom Home Swapping erzählen. Vor unserem ersten Tausch haben wir uns das auch gefragt. Und festgestellt: Wir haben keine. Weder Picasso-Litografien noch Tiffany-Colliers. Das Teuerste in unserer Wohnung sind unsere Computer. Natürlich wäre es ärgerlich, wenn die kaputtgingen. Aber sie sind nicht unersetzbar.

Digital ist besser

Wie man auch in der Ferne erreichbar bleibt und
nicht auf seine Lieblingsmusik verzichten muss

Christoph | Oakland, USA, September 2015
Der Schlüssel liegt unter einer Metallgießkanne auf der Veran-
da – wie versprochen. Der Berkeley-Professor und seine Frau
sind schon mal keine überängstlichen Sicherheitsfanatiker.
Sehr sympathisch. Vorsichtig öffne ich die Tür. Wir sind zwar
Gäste, aber außer der Hauskatze ist niemand da, um uns zu
empfangen. Immerhin erwarten uns ein herzlicher Willkom-
mensbrief und eine gute Flasche kalifornischer Shiraz. Dazu
köstliche Salzmandeln und einige Tipps zu den besten Restaurants, Geschäften und Parks der Umgebung. Ich falle in einen
schweren Ledersessel vor einem beeindruckenden Bücherregal, lege mir die Katze auf den Bauch und blicke auf die Palmen vor dem Fenster. Und fühle mich im selben Moment beinahe so, als würde ich selbst an der University of Berkeley eine
Vorlesung halten. Kleider machen Leute, heißt es. Häuser
offenbar auch. Ich freue mich schon darauf, den ersten Brief
zu verfassen – natürlich handschriftlich am Schreibtisch im
Arbeitszimmer –, auf dessen Kuvert ich die wundervolle Ab-
senderadresse werde schreiben können: Ocean Drive.

Drei Monate werden wir hier in Kalifornien wohnen – in
diesem fremden Haus, in diesem fremden Leben. Für drei Monate haben wir einen Garten, zum ersten Mal habe ich ein
Haustier. Beides nur auf Zeit, zur Probe sozusagen. Ich darf in

dieses fremde Leben schlüpfen wie in eine geborgte Jacke – und sie passt erstaunlich gut. Es werden aufregende und abwechslungsreiche drei Monate. Das genaue Gegenteil von Routine und Alltag: Statt durch den immer gleichen Park zu joggen, fahren wir ans Meer zum Surfen. Statt bei meinem Stammfriseur einen Termin zu machen, finde ich in einer kleinen Gasse einen Barbershop voller tätowierter Sprücheklopfer. Statt auf Autopilot zur Straßenbahn oder durch den Supermarkt zu schlurfen, mache ich an jeder Ecke große Augen. Und trotzdem fühlt es sich nicht an wie eine Urlaubsreise oder ein Städtetrip. Das liegt daran, dass wir so lange hier sind.

Ich kann nicht genau sagen, wo die Grenze zwischen Urlaub und dem Eintauchen in ein anderes Leben verläuft, aber ich würde vermuten bei ungefähr vier Wochen. Alles darunter ist Urlaub. Alles, was länger ist, mehr als das. Das macht sich auch bei den Vorbereitungen und beim Packen bemerkbar. Für einen einwöchigen Urlaub ist relativ klar, was gepackt werden muss. Strandsachen, Wanderstiefel, Skiausrüstung – je nachdem, wo es hingeht und was auf dem Programm steht. Die Post kann sich so lange im Briefkasten sammeln, und die Roamingkosten im Ausland nimmt man für die paar Tage hin. Oder benutzt das Smartphone halt in der kurzen Zeit ein bisschen weniger.

Wenn man jedoch für vier Wochen oder länger den Ort wechselt, stellen sich plötzlich andere Fragen: Was ist mit unserer Post? Sprengen die Bücher, die ich für diese Zeit mitnehmen will, nicht schon mein Freigepäck? Wie sehr werde ich meine Film- oder meine Plattensammlung vermissen? Die gute Nachricht: Dank der Digitalisierung muss man sich in Sachen Unterhaltung oder Kulturgüter eigentlich kaum noch Gedanken machen. Die heimische Bibliothek beispielsweise kommt auf den E-Reader. Ich weiß, ich weiß: »Aber das Rascheln der Seiten! Der Geruch von Papier!« Ich höre solche

Argumente vor allem von Leuten, die noch nie einen E-Reader ausprobiert haben. Zumindest nicht für länger als fünf Minuten. Wer partout nicht auf Papier verzichten kann und trotzdem nicht kiloweise eigene Bücher durch Flughafenhallen schleppen will, ist mit Haustausch auch gut bedient. Denn solange man die Sprache der Tauschpartner spricht, findet man in den Bücherregalen der anderen meist jede Menge guten Lesestoff.

Bei Musik ist es ähnlich. Sofern der Musikgeschmack der Tauschpartner kompatibel ist. Denn der Jazzfan kann mit der Siebzigerjahre-Rock-Plattensammlung des Tauschpartners vermutlich genauso wenig anfangen, wie es umgekehrt der Fall ist. Zum Glück müssen Musikfreunde heutzutage nicht mehr auf ihre Sammlung verzichten: Sie können sie entweder digitalisiert auf ihrem Telefon, Tablet oder Computer mitnehmen – oder sie abonnieren einen Streamingdienst wie Spotify, Apple Music oder Deezer. Dann haben sie Hunderttausende von Liedern in der Cloud zum Abruf bereit. In vielen Wohnungen und Häusern, in denen Jessica und ich in den letzten Jahren zu Gast waren, stehen inzwischen gar keine klassischen Stereoanlagen mehr, sondern internetfähige Lautsprecher. Die kann man direkt von seinem Smartphone oder Tablet aus ansteuern und so die eigene Musik abspielen.

Bleibt noch die Film- und Seriensammlung. Auch hier sind in vielen Haushalten die DVDs und Blurays langsam in den Müll oder auf den Flohmarkt gewandert. Die VHS-Videokassetten schon lange. Wenn Jessica und ich unterwegs sind, leihen wir Filme, die wir sehen wollen, digital bei Amazon oder Apple und schauen sie auf einem unserer Laptops. Oft lassen sich diese sogar mit dem Fernseher verbinden – dann flimmert »American Horror Story« über den amerikanischen (oder schwedischen, mexikanischen, britischen) Fernsehbildschirm. Auch die dritte Staffel »House of Cards«, die wir zu Hause angefangen haben, können wir am anderen Ende der Welt dank Streamingdiensten wie Netflix oder Maxdome zu Ende schauen.

Es klingt vielleicht albern, aber gerade wenn man für ein paar Monate an einem anderen Ort lebt, kann es ganz schön sein, wenn sich nicht alles komplett ändert, sondern manche Dinge vertraut und gleich bleiben. Und wenn es nur die aktuelle Lieblingsserie ist.

Was zu einer lieben Gewohnheit geworden ist: in der neuen Stadt mindestens einmal ins Kino gehen. In Mexiko besuchten wir ein Multiplexkino in einem gigantischen Einkaufszentrum, und in Oakland saßen wir in dem wunderschönen alten Grand Lake Theatre und hörten dem Orgelspieler zu, der dort vor manchen Vorstellungen noch ein Medley bekannter Filmmelodien zum Besten gibt. Auch lokale Fernseh- und Radiosender machen Spaß und helfen, sich einzuleben. Jessica entdeckt so auf jeder Reise neue Bands. Die Radiosender hören wir nach dem Tausch oft auch zu Hause. Der eklektische Musikmix des amerikanischen Senders KCRW macht auch in Berlin gute Laune. Umgekehrt funktioniert das natürlich auch: Jessica kuriert akute Heimwehattacken meistens mit einer Stunde radioeins vom Berliner RBB.

Zu erreichen sind wir überall auf der Welt nahezu gleich gut. Dass die EU die europäischen Roaminggebühren abgeschafft hat – super Sache! Wir telefonieren mit dem Handy genauso günstig wie zu Hause. Dafür ein großes Dankeschön nach Brüssel! Auch das Surfen mit dem Smartphone ist in Europa inzwischen genauso preiswert wie daheim. Außerhalb Europas leider noch nicht. Sich auf das WLAN der Gastgeber zu beschränken (das mittlerweile überall Standard ist – wir haben jedenfalls noch kein Tauschangebot gesehen, bei dem es gefehlt hätte) oder das in Cafés zu nutzen, ist möglich. Für uns Instagram- und Twitter-Junkies aber nicht wirklich eine Option. Deswegen freuen wir uns jedes Mal, wenn wir unterwegs ein funktionierendes öffentliches WLAN entdecken. Im Ausland gibt es das viel häufiger als in Deutschland. Die Alternative, die sich allerdings erst ab einem mehrwöchigen Aufenthalt lohnt: eine Prepaid-SIM-Karte von einem Mobilfunkanbieter vor Ort.* Beeindruckend: Unsere mexikanischen Tauschpartner hatten einen Festnetzvertrag, der Anrufe in alle Länder der Welt abdeckte. Damit können wir leider nicht konkurrieren: Wir bieten unseren Tauschpartnern aber zumindest an, unser Festnetztelefon für Gespräche innerhalb Deutschlands zu nutzen und sich darauf anrufen zu lassen. Das ist beim Haustausch aber Standard.

Ein größeres Problem stellt die Post dar. Wenn wir ein paar Tage in Barcelona oder Paris verbringen, hält sich der Briefstapel zu Hause noch in Grenzen. Für drei Monate Kalifornien mussten wir uns aber etwas einfallen lassen. Einen dringenden Brief vom Finanzamt bis zu unserer Rückkehr ungeöffnet zu lassen, war keine Option. Die Lösung: eine Art digitaler Nachsendeantrag. Der Dienstleister Dropscan nahm unsere Post in Empfang (wir hatten einen Nachsendeantrag an eine uns speziell zugewiesene Adresse eingerichtet) und scannte die Umschläge ein. Per Passwort konnten wir uns jederzeit einloggen und nachsehen, wer uns geschrieben hatte. Werbepost gaben wir mit zwei Klicks zum Vernichten frei.** Die Sen-

---

* In den USA hatten wir ein gutes Angebot, bei dem wir für rund 55 Euro im Monat so viel surfen und um die Welt telefonieren konnten, wie wir wollten. In Australien gab es für etwa dreißig Euro sieben Gigabyte mobile Daten, unbegrenzte Telefonate innerhalb Australiens und 300 Telefonminuten in die ganze Welt. Diese Preise dürften in den kommenden Jahren eher noch sinken. In Südamerika oder Südostasien sind die Tarife meist jetzt schon erheblich günstiger.

** Besonders vertrauliche oder private Post kann man sich auch ungeöffnet weiterleiten lassen. Trotzdem ist der Dienst wohl eher nichts

dungen, die uns interessierten, ließen wir öffnen. Binnen weniger Stunden lag der gescannte Inhalt digitalisiert auf unseren Rechnern. Viele der Briefe erledigten sich nach einmaligem Lesen quasi von selbst. Diese wanderten ebenfalls in den virtuellen datensicheren Schredder. Verträge oder andere Unterlagen, die wir im Original benötigten, schickte uns Dropscan nach unser Rückkehr nach Deutschland gebündelt zu.

Der Dienst bietet verschiedene Preismodelle zwischen dreizehn und vierzig Euro im Monat an, je nachdem wie viele Sendungen man öffnen und scannen lassen will. Bei Jessica funktionierte der Service auch reibungslos. Bei mir leider nicht. Das lag aber nicht an Dropscan, sondern daran, dass die Post meine Briefsendungen trotz korrektem Nachsendeauftrag und mehreren Hinweisen und Reklamationen nicht an die Dropscan-Adresse weiterleitete, sondern unverdrossen in unseren Berliner Briefkasten warf. Ich bin deshalb auch ein wenig skeptisch, was den E-Postscan betrifft, den die Post mittlerweile anbietet. Im Prinzip funktioniert der Dienst wie Dropscan, nur soll laut Testberichten die Registrierung deutlich umständlicher sein. Wundern würde es mich nicht.

So konnte Jessica also auch unter den kalifornischen Palmen ihre Berliner Post lesen. Auf mich dagegen wartete bei unserer Rückkehr ein riesiger Papierstapel. Es war weder ein wahnsinnig dringender Brief vom Finanzamt noch vom Nobelpreiskomitee oder der Deutschen Lottogesellschaft dabei. Vielleicht gebe ich der digitalen Briefverarbeitung bei unserer nächsten längeren Abwesenheit auch noch mal eine Chance – vielleicht ist diese aber auch gar nicht notwendig, wie ich dachte.

---

für Leute, die auf eine maximale Privatsphäre Wert legen. Der Scan erfolgt zwar größtenteils automatisiert, und die Daten werden in Deutschland gespeichert, aber trotzdem vertraut man seine Post grundsätzlich Fremden an.

Pack mer's!

Wie man sich mit geschicktem Kofferpacken
auf eine längere Abwesenheit vorbereitet

Jessica
Ein Koffer. 23 Kilogramm. Das ist die Beschränkung für Freigepäck, wenn man Economy fliegt. Diese Beschränkung gilt
derzeit bei fast allen Fluggesellschaften. Als Reisender muss
man dafür eigentlich dankbar sein. 23 Kilogramm sind verdammt viel. Ist der Koffer auch noch groß und man selbst kein
Bodybuilder, bringt einen jede Treppe außer Atem, jeder Bord-
stein zum Fluchen. Besser: sich daran erinnern, dass Reisen
einem erlaubt, Dinge hinter sich zu lassen. Und beim Packen
gleich damit anfangen. Auch, wenn man mit dem Auto oder
dem Zug fährt.

Das Gute am Haustausch ist, dass es fast immer eine
Waschmaschine gibt. Voluminöse Dinge wie Handtücher,
Regenschirme, oft auch Wanderrucksäcke oder Isomatten sind
vorhanden. Kurz zu klären, welche der Kinderspielsachen oder
Sportgeräte des Gastgebers man benutzen darf – dank Karen
hatte ich in Oakland zum Beispiel eine Yogamatte und Han-
teln –, ist höflicher, als einfach an die Schränke zu gehen. Dass
unsere Tauschpartner Föhn oder Duschgel benutzen, finde ich
selbstverständlich. Große Kosmetikprodukte wie Shampoo
oder Conditioner kaufen wir vor Ort. Lediglich Sonnencreme
nehme ich literweise mit. Die ist im Ausland meist teurer (und
ohne Duftstoffe nicht überall erhältlich).

Ist der Koffer zu voll, liegt das meist daran, dass man auf alles vorbereitet sein will: Was, wenn wir in New York wandern gehen wollen? Vielleicht steht in Thailand doch mal abends ein Opernbesuch an? Wenn man ehrlich ist, sind solche Ausflüge am Ende doch eher unwahrscheinlich. Abendkleider und Wanderschuhe nehme ich deswegen nur mit, wenn die Tickets oder der Campingplatz schon reserviert sind.

Was mir beim Packen hilft: die App PackPoint (es gibt auch andere, aber diese finde ich angenehm unkompliziert). Sie sagt mir, was unbedingt in den Koffer muss – abhängig von der Reisedauer, dem zu erwartenden Wetter und dem, was wir vor Ort so vorhaben (man kann zum Beispiel »Arbeiten« oder »Fitness« ankreuzen). Ich kann auch eigene Unterpunkte wie »Tauchen« anlegen und abspeichern, was ich dafür brauche: PADI-Karte, Logbuch, Taucherbrille, Flossen – check! Sonnenbrille vergessen? Ladekabel oder Adapter nicht dabei? Passiert mir nicht mehr.

Dann hänge ich alle Kleider, die ich mitnehmen MÖCHTE, auf eine Kleiderstange. Von dort wandern sie nach und nach zurück in den Schrank. Aussortiert wird, was nicht zu den absoluten Lieblingsstücken zählt. Und was unterwegs mehr Ärger als Freude macht. In einer Frauenzeitschrift habe ich mal gelesen, Seidensachen seien auf Reisen total praktisch. Kann schon sein – wenn man mit drei Schrankkoffern unterwegs ist und jedes Teil nur einmal anzieht. Praktisch ist eine Bluse, auf der Sonnencreme keine Ränder hinterlässt. Oder ein Kleid, das Pool- und Meerwasser aushält und auch nach zwei Stunden Autofahrt bei vierzig Grad aussieht, als hätte man es gerade aus dem Schrank gezogen. Es gibt solche Kleidungsstücke. Aber sie sind rar. Ich besitze drei solcher stoffgewordenen Wunderwaffen: zwei schwarze Hosen – eine elegant, die andere lässig – und ein puristisches Jeanshemd. Klar, dass die mitdürfen.

Was auch hilft, das Volumen im Koffer zu reduzieren: sich für eine Basisfarbe zu entscheiden. Also Schwarz. Oder Braun. Oder Dunkelblau. Unser erster Wohnungstausch in Kopenhagen hat auf meine Kleider abgefärbt. Die Frauen dort tragen eigentlich nur neutrale Töne: Schwarz, Weiß, Grau. Dadurch passt alles zueinander und zu (fast) jedem Anlass – eine Garderobe wie ein Schweizer Taschenmesser. Habe ich mir abgeguckt.

Nur mit den Schuhen klappt das Einschränken noch nicht so richtig. Die *New York Times* hat mal Reiseprofis gefragt, wie sie es schaffen, nur mit Handgepäck auszukommen. Antwort der langjährigen Flugbegleiterin und Bloggerin Heather Poole (heatherpoole.com): »Erst die Schuhe aussuchen, dann die Outfits daran anpassen. Drei Paar Schuhe genügen.« Nur drei? Konnte ich nicht recht glauben. Habe es dann gegoogelt. Auch andere Flugbegleiterinnen behaupten in Interviews, sie hätten nie mehr dabei als Flipflops, Ballerinas und Turnschuhe. Aber wer sind dann bitte die ganzen Frauen in Uniform, die auf High Heels durch die Terminals stöckeln? Ich kann mich jedenfalls an keine Flugbegleiterin erinnern, die mir den Orangensaft in ausgefransten Chucks oder Plastiklatschen serviert hätte. Vermutlich wurden die High Heels nicht mitgezählt, weil die nicht in den Koffer wandern. Selbst die weltreisende Journalistin Meike Winnemuth hat fünf Paar Schuhe auf ihrer Packliste. Und die hat mal ein ganzes Jahr lang ein und dasselbe Kleid getragen (daskleineblaue.de). Ich finde, vier Paar – inklusive Joggingschuhe – sind auf langen Reisen für Frauen realistisch.

Aber selbst wenn feststeht, *was* man mitnimmt – *wie* packt es man nun am besten in den Koffer? Dazu habe ich für einen Artikel mal Luu Van Trang befragt. Er arbeitet als Gepäck-Butler im The Nam Hai Hotel in Vietnam. Dort packt er für prominente Gäste die Koffer ein und aus. Seine Methode: »Erst stopfe ich die Schuhe mit Socken aus. Ich stecke sie einzeln in Schuhsäcke und lege sie unten in den Koffer, so, dass die Sohlen an den Rändern anliegen. Dann kommen die Kleidungsstücke. Schwere und dunkle Sachen platziere ich zuunterst. Empfindliche und leichte lege ich obenauf. Die Zwischenräume fülle ich mit Gürteln, Kosmetiktasche, Handtaschen und Unterwäsche. Zerbrechliche Sachen, Schmuck, Brillen, Ausweise, Pässe, Bordkarten und Schlüssel lege ich für das Handgepäck zurecht.«

Seit dem Interview mache ich es genauso. Klappt super. Natürlich habe ich ihm auch die Frage gestellt, über die im Netz mindestens so viel gestritten wurde wie über »Ist dieses Kleid nun weiß-gold oder blau-schwarz?«: Rollen oder falten Sie, Luu Van Trang? Seine Antwort: »Ich nutze beide Techniken. Wenn man Kleidung rollt, knittert sie jedoch nicht so sehr. Was auch hilft: nicht zu viel in einen Koffer packen und die Kleidungsstücke einzeln flach und ungefaltet übereinanderlegen. Wenn man dazwischen Handtücher oder Seidenpapier schichtet, sehen die Sachen beim Auspacken fast aus wie frisch gebügelt.«

Ich selbst bin überzeugter Roller. Aus Platzgründen, nicht wegen des Knitterns. Auch gerollt sahen meine Sachen nach der Ankunft immer verkrumpelt aus. Seit ich wie Luu Van Trang etwas dazwischenpacke, passiert das nicht mehr. Als Gepäck-Butler hat man vermutlich immer Seidenpapier zur Hand. Ich bewahre stattdessen die Folie auf, in der unsere Kleider aus der Reinigung kommen. Die ist leicht, hält ewig (und landet so wenigstens nicht im Müll). Und ich muss nicht gleich nach der Ankunft bügeln.

Bei den meisten Fluggesellschaften darf man neben dem normalen Handgepäckstück auch noch ein zweites, kleineres Teil mit an Bord nehmen. Das sogenannte *personal item*. Mein *personal item* ist meine Handtasche. Ins Handgepäck selbst kommt alles Wichtige und Empfindliche: Reise- und Arbeitsunterlagen, Handy, Laptop, Ladekabel, Adapter, Kamera, Schlüssel, Medikamente, Kosmetik, Sonnenbrille (besäße ich Schmuck: auch der). Dazu Snacks, ein Buch, leere Wasserflaschen (die fülle ich nach dem Sicherheits-Check auf) und Kleidung zum Wechseln für ein bis zwei Tage. Manchmal ist der Koffer ja ein bisschen länger unterwegs. Ganz wichtig: mein gemütliches graues Sweatshirt, mein großer grauer Schal (der auch mal zum Sarong oder zur Jacke umfunktioniert werden kann) und meine Birkenstocks – die sind Sandalen, Haus- und Badeschuhe in einem. Ohne Hausschuhe mag ich nicht (mehr) verreisen. Nur, weil irgendwo Kalifornien oder Mexiko draufsteht, heißt das nicht, dass immer auch Sonne drin ist. Die Häuser in südlichen Ländern sind oft mies isoliert. Im November und Dezember werden die Fliesen dann ungemütlich kalt.

Am allerallerwichtigsten: mein Kopfhörer. Neben Christoph mein liebster Begleiter. Ich hatte lange Probleme mit Flugangst. Mein Mann hat mir dann (ziemlich teure) Noise-Cancelling-Kopfhörer geschenkt. Sie dimmen alle unangenehmen Geräusche auf ein Minimum herunter. Eingekuschelt in den Sweater und meinen großen Schal, die Füße in dicken Socken und Birkenstocks und akustisch in meiner eigenen Welt, schaffe ich es inzwischen sogar manchmal, im Flugzeug einzuschlafen.

Wir sind dann mal weg

Vom Gefühl, die eigene Wohnung zurückzulassen

Christoph | Berlin, Aufbruch nach Paris, August 2016
Jessica schließt unsere Wohnungstür ab, ich hole den Aufzug. Einmal tief durchatmen. Wird schon alles passen. Wie Jessica bereits beschrieben hat, ist die Ankunft im Tauschdomizil immer ein besonderer – und manchmal stressiger – Moment. Aber auch die Abreise aus unserer eigenen Wohnung, das Zurücklassen des Großteils unserer Habseligkeiten, kostet Nerven: Haben wir an alles gedacht und wirklich nichts vergessen? Oder liegt noch irgendwo eine Unterhose herum, drei Herdplatten sind an, und die Tauschpartner kommen nicht in unsere Wohnung, weil wir vergessen haben, den Schlüssel für sie zu deponieren? Spätestens am Flughafen setzt dann jedoch zum Glück eine gewisse Schicksalsergebenheit ein: »Jetzt können wir es auch nicht mehr ändern«, sagt dann stets einer von uns beruhigend zum anderen. Aufgeregt zu sein gehört zum Haustausch irgendwie dazu.

Heute geht es für eine Woche nach Paris. Wir tauschen mit Sophie, die mit ihren zwei beinahe erwachsenen Kindern in einem schönen Apartment im 18. Arrondissement unweit von Sacré-Cœur wohnt. Die beiden Kinder sind anderweitig unterwegs, sie wird mit einer Freundin nach Berlin kommen. Nachdem wir unsere Wohnung auf Vordermann gebracht haben (siehe Kapitel »Wohnungstausch ist wie Frühjahrsputz«), sind wir gestern noch losgezogen und haben ein paar Kleinigkeiten gekauft, um die beiden Frauen in unserer Wohnung willkommen zu heißen. Auch hier gibt es im Grunde keine festen Regeln. Was einen in der fremden Wohnung erwartet, hängt vom jeweiligen Tauschpartner ab. Manchmal liegen nur ein Reiseführer und der Briefkastenschlüssel auf dem Küchentisch; manchmal ein Arrangement aus Wein, Knabbereien und Süßigkeiten.

Sehr lustig fand ich die Geschichte eines Bekannten namens Timo, dem es bei seinem ersten Wohnungstausch nicht in den Sinn gekommen war, irgendetwas Nettes für die Tauschpartner zu hinterlassen. Er ist da eher Pragmatiker: »Woher soll ich denn wissen, was die mögen?« Vielleicht hatte er auch einfach nicht daran gedacht, so genau lässt sich das im Nachhinein ja meist nicht mehr rekonstruieren. Ausgerechnet er geriet jedoch an jemand extrem Freigiebigen, und als er die Küche betrat – ich glaube, es war in Italien –, bog sich dort der Tisch unter Begrüßungspräsenten und lokalen Leckereien. Geistesgegenwärtig rief Timo seinen besten Kumpel an, denn er wusste, dass seine Tauschpartner erst am späten Abend in seiner Wohnung ankommen würden. Besagter Kumpel hatte einen Zweitschlüssel zu Timos Wohnung und bekam folgende atemlose Instruktionen: »Alter, du musst sofort den dicksten Präsentkorb kaufen, den du finden kannst! Den bringst du dann zu mir in die Wohnung und stellst ihn mitten auf den Küchentisch. Aber bitte unbedingt noch vor heute Abend. Geld kriegst du natürlich wieder.«

Ein Präsentkorb gehört bei Jessica und mir nicht zum Standard-Repertoire, und wir haben offen gestanden auch noch nie einen vorgefunden. Unsere Tauschpartnerin Carol aus England schrieb in einer E-Mail: »Unser letzter Tausch liegt schon einige Jahre zurück. Früher haben wir unseren Gästen immer eine selbst gemachte Lasagne in den Kühlschrank gestellt, zum Warmmachen. Ist das noch üblich?«

Unser Eindruck: eher nicht. Aber eine Flasche Wein, ein paar Kekse oder etwas zu knabbern – darüber freut sich jeder. Damit unsere Tauschpartner nicht müde vom Flug vor einem ausgeräumten Kühlschrank stehen, besorgen wir Milch, Brot und Butter. Zu fragen, ob sie besondere Wünsche haben, schadet nicht.

»Könnt Ihr bitte eine Dose Würstchen für die Kinder kaufen?«, schrieb Malin aus Stockholm. Wären wir nicht draufgekommen. *Røde Pølser* – gebrühte Hotdog-Würstchen – sind jedoch die schwedische Version deutscher Fischstäbchen: machen keine Arbeit und die Kinder happy. Wie so oft beim Tauschen gilt also auch hier: Je mehr man miteinander redet und je klarer man sagt, was man braucht oder gerne hätte, umso besser klappt es am Ende.

Auch mit Sophie funktioniert alles wunderbar. In ihrer Küche finden wir auf dem Sideboard vom Flohmarkt eine Begrüßungsflasche Champagner vor (die wir uns jedoch für später aufsparen) und eine Schachtel regenbogenfarbener Macarons. Ich schicke ihr eine SMS: »Sind angekommen. Alles super! Vielen Dank!« Aber von ihrer Seite bleibt es ruhig. »Wird schon gut gehen«, beruhigt mich Jessica. Die Ankunftsnachricht unserer Tauschpartner erwarten wir immer fast so gespannt wie früher ein Prüfungsergebnis oder den fünften Durchgang im Elfmeterschießen bei der Fußball-WM. Könnte ja sein, dass unsere Gäste unzufrieden sind. Und was dann?

Nach einer abendlichen Erkundungsrunde durchs 18. Arrondissement sitzen wir gerade vor einer Eckbrasserie beim Wein, als die SMS von Sophie kommt. »Wir sind gut angekommen«, schreibt sie. »Eure Wohnung ist fantastisch! Wir fühlen uns sehr wohl und können es kaum erwarten, Berlin zu erkunden. Schlaft gut!« Jessica und ich geben uns einen High Five. Wir wissen aber auch, dass die Fragen »Haben wir an alles gedacht? Wird es den anderen bei uns gefallen?« auch beim nächsten Tausch wieder an uns nagen werden. Das gehört einfach dazu.

TEIL III
WÄHREND DES TAUSCHS

Der Ancoming Blues

Die ersten Tage sind immer die schwersten

Jessica | Perth, Australien, Dezember 2016
Ich sitze im Kettle Cafe im Stadtteil Lathlain. Vor mir liegt ein gewaltiges geröstetes Hummus-Sandwich. Meinen Eistee habe ich schon ausgetrunken. Das Thermometer zeigt 32 Grad – und das mitten im Winter! Die Fenster des Cafés stehen weit offen. Der Himmel ist blitzeblau. Entlang der Straße blühen Flammenbäume. Das knallige Rot sieht so hübsch aus: Wer braucht da noch einen Weihnachtsbaum?!

Wir sind nun seit fünf Tagen in Perth: yeah, Australien! Aber der Ancoming Blues hat mich mal wieder gepackt. Den kenne ich schon von früheren Tauschtrips. Dabei reise ich eigentlich gerne! Ich bin sogar überzeugt: Auf Reisen bin ich ein besserer Mensch. Fröhlicher, offener, entspannter, kreativer. So, wie ich vielleicht ursprünglich mal gedacht war (bis dann dieses Ding mit dem Geldverdienen und der Verantwortung und der Altersvorsorge dazukam). Wenn ich in einem fremden Land ankomme, ist das so, als würde ein Schalter umgelegt: *knips*, von Jessica auf Jessica+. Am zuverlässigsten passiert das, wenn ich in einem schönen Hotel bin und der Portier seinen großen Auftritt hat. Er stellt den Koffer im Zimmer ab. Tritt mit der Attitüde eines Zirkusdirektors ans Fenster. Hält für drei pompöse Sekunden inne (und mein Herz tut dasselbe). Dann zieht er mit einem Ruck den Vorhang zur Seite. Dahinter: das sonnengleißende Meer. Oder die im Abendrot dämmernde Altstadt. Oder irgendeine andere tolle Aussicht. Und ich bin wie vervollständigt. Wahrscheinlich geht das allen Menschen so. Ich wette, in der Portiersausbildung wird das Innehalten und theatralische Vorhangzurückziehen sogar wochenlang geübt. Gäste, die vor Glück nur noch seufzen können, geben bestimmt mehr Trinkgeld.

Leider fehlt dieser theatralische Luxusmoment fast immer, wenn Christoph und ich tauschen. Denn sobald man den Koffer im fremden Haus absetzt, beginnt der Alltag. Ein ungewohnter Alltag noch dazu. Hotels sind darauf spezialisiert, Reibung rauszunehmen. Es fehlen Kleiderbügel? Der Wasserkocher will nicht? Ein Anruf bei der Rezeption, und sofort steht ein höflicher Helfer auf der Matte. Beim Home Exchange ruckelt und knarzt es dagegen in den ersten Tagen. Warum, ist nicht so einfach zu erklären. Während unsere Freunde im kalten Winterregen durch das dunkelgraue Berlin zur Arbeit fahren, klappen wir unsere Laptops in Perth oder Oaxaca auf – wie schlimm kann das denn bitte sein? Trotzdem herrscht bei uns in den ersten Haustausch-Tagen erstaunlich oft dicke Luft.

Bevor wir nach Australien flogen, saß ich abends mit meiner Freundin Jonna beim Vietnamesen. Ich erzählte von unseren Reisevorbereitungen. Und vom Ancoming Blues.

»In den ersten Tagen streiten wir deswegen nahezu ständig«, sagte ich.

Sie guckte mich mit ihrem Sherlock-Holmes-Blick an – der Frau entgeht nichts. Fragte: »Was genau ist denn das Problem?«

Ich konnte auf einmal nur herumdrucksen. Suchte nach einem guten Beispiel. Fand keines. Alles, was mir in den Kopf kam, war piefig. Ich setzte an: »Sich in einer neuen Wohnung zurechtzufinden, ist anstrengend. Wenn ich Kaffee machen will, muss ich erst jeden Schrank aufmachen, weil ich nicht weiß, wo die Filter sind. In Dänemark habe ich mir wegen der Dachschräge über dem Bett anfangs jeden Morgen beim Aufstehen den Kopf angehauen. In Schweden konnte ich nur im Sitzen duschen, weil kein Duschvorhang da war. Und es gab keinen Föhn.«

Jonnas Ausdruck wechselte von »aufmerksame Freundin« zu »Arzt untersucht Hypochonder«. Ich kam ins Schwimmen.

»Wenn das WLAN nicht funktioniert, können wir nicht arbeiten«, versuchte ich es. Totschlagargument. Dachte ich.

»Dann geht doch ins Internetcafé«.

Mir fiel darauf nichts ein. Ich konnte es an ihrem Gesicht ablesen: Alles, was ich anführte, waren am Ende Luxusprobleme. Ich fühlte mich ertappt. Wie ein verwöhntes Hascherl, das fünf Sterne für den Seelenfrieden braucht.

In den vergangenen Tagen kam ich gedanklich immer wieder auf das Gespräch mit Jonna zurück. Ich glaube, ich habe jetzt die Antwort. Das Problem ist, dass es nicht DAS große Problem gibt. Aber eine Million kleine. Alles ist wie bei uns zu Hause – es gibt Strom, fließend Wasser, Küche, Bad –, aber auch ein bisschen anders. All die Dinge, die sonst nebenherlaufen, die »No-Brainer«, erfordern deswegen meine Aufmerksamkeit. Und in der Summe stresst das.

Zu Hause mache ich morgens das Licht an, wenn ich ins Bad gehe. Hier in Perth gibt es sechs verschiedene Lichtschalter pro Zimmer. Jeder Tag beginnt mit einer Light-Show wie in der Großraumdisco. In unserer Wohnung weiß ich im Schlaf, was an welchem Ort liegt. Hier in Perth (oder Barcelona oder Stockholm) muss ich alles suchen: Löffel, Müllbeutel, Wäscheklammern, Garagenschlüssel. Selbst eine kleine Wohnung wirkt plötzlich riesig, wenn man nicht weiß, wo die Schere oder ein Regenschirm liegt.

Vor einiger Zeit habe ich Tina Richter interviewt, eine Österreicherin, die an Prosopagnosie leidet: Sie kann sich keine Gesichter merken. Wenn sie morgens ins Büro kommt, kann sie nicht sagen, ob die Menschen, die da rumsitzen, ihre Kollegen sind oder nicht. Sie muss das jeden Tag aufs Neue herausfinden. Zumindest in der ersten Woche ist Tauschen ein bisschen wie Wohnungs-Prosopagnosie. Routine? Gibt's nicht. Deswegen klappe ich das Laptop meist erst auf, wenn der Tag schon zur Hälfte rum ist.

Abends, wenn ich im Bett liege, kann ich wiederum nicht richtig abschalten. Das liegt bestimmt auch daran, dass jedes Haus seine eigenen Geräusche hat. In Princeton wohnten wir in einem über hundert Jahre alten Fachwerkhaus. Dielen knarzten, Regale ächzten. Vor Sonnenaufgang tobten dazu die Eichhörnchen über das Dach. In Oaxaca heulten die Hunde in der Nachbarschaft. Oft knallte es auch mitten in der Nacht. Feuerwerk? Schüsse? Ich lag mit Eulenaugen im Bett und lauschte. In Oakland sirrten die Zikaden vor dem Fenster wie überlastete Stromleitungen. Weit in der Ferne: Trompeten – das Warnsignal heranrauschender Amtrakzüge. Wenn die Zwirbeläste der Kiefer an der Hauswand entlangschrappten, dachte ich jedes Mal: Einbrecher! Zum Glück war das Einzige, was ungefragt ins Haus kam, Spinnen. Die gibt es in Perth natürlich auch. Über 10.000 verschiedene Arten leben in Australien, und einige der agilsten Achtbeiner haben den Weg durch die Fliegengitter in unser Haus gefunden. Welche davon gefährlich sind? Vermutlich einige. Unter den giftigen Tieren des Landes zählen Spinnen die meisten Exemplare. »Wer auch immer die Evolution der Spinnen in Australien zu verantworten hat, sollte kurzerhand auf die Straße gezerrt und erschossen werden«, heißt es in einem Buch von Mira Grant. Bezeichnenderweise ein Horrorroman. Denn alles, was mehr als vier Beine hat, wird in Australien entsetzlich groß.

Noch ist uns zum Glück kein Huntsman (auf Deutsch: Riesenkrabbenspinne) begegnet. Mit bis zu fünfzehn Zentimeter langen Beinen sind die so etwas wie die Supermodels unter den Spinnen. Aber Christoph hat schon heldenhaft mehrere Kakerlaken im Handyformat nach draußen befördert. Und gestern dachte ich, jemand hätte einen Tennisball nach mir geworfen – dabei war es nur ein Riesengrashüpfer, der auf den Tisch gefallen ist. Tagsüber ist alles hell und freundlich. Nachts erschrecke ich mich jedoch jedes Mal fürchterlich, wenn mir etwas vor die Füße krabbelt.

Ich weiß natürlich, dass Australiens Spinnen nicht wirklich eine Bedrohung für mich sind (die australischen Pferde haben mehr Menschen auf dem Gewissen). Und zum Glück auch, dass es nur eine Frage der Zeit ist, bis ich mich an unsere wuseligen Mitbewohner gewöhne. Diese Anfangsanspannung gehört zum Haustauschen wohl einfach dazu. Wie heißt es so schön? Hummus-Sandwich essen und (Eis-)Tee trinken. Bisher ist noch jeder Ancoming Blues vorbeigegangen. Aus Jessica wird Jessica+. Und die will dann gar nicht mehr weg.

Oaxaca: Wah-HAH-kah!

Wie wir Mexiko im Bus durchquerten, um ein Haus
mit Oma und Hund zu beziehen, und von einem Schamanen
mit Mezcal verzaubert wurden

Jessica | Oaxaca, Mexiko, Juni 2015
Ausgerechnet Mexiko. Der Taxifahrer lenkt das Auto durch die
nächtlichen Straßen von Mexiko-Stadt. Eine der größten Städte
der Welt. Das Zuhause von über zwanzig Millionen Menschen.
Ich habe das Fenster ein Stück geöffnet, um wacher zu werden.
Die vergangenen zwanzig Stunden haben wir in Flughäfen und
Flugzeugen verbracht. Der warme Wind tut gut. Aber an jeder
Ampel beobachte ich nervös die Straße. Rechne damit, dass
jemand die Tür aufreißt und nach meiner Tasche greift. Aus-
gerechnet Mexiko. Ich weiß zu wenig über das Land.

Mein letzter Besuch liegt zwanzig Jahre zurück. Urlaub auf
der Halbinsel Yucatán: Sand so fein wie Staub. Wasser in den
hellsten Blautönen. In Chichén Itzá, der weißen Ruinenstadt
im Dschungel, kletterte ich auf die Pyramide des Kukulcán
und zwängte mich mit anderen Touristen durch unterirdische
Kammern, um einem steinernen Jaguar in die Jadeaugen zu
schauen. Auf der Rückfahrt stoppten uns Soldaten mit Maschi-
nengewehren. Der »Wegzoll« kostete genau so viel, wie wir in
bar bei uns trugen.

Magisch und korrupt – so ist mir Mexiko in Erinnerung
geblieben. Meine Arbeit in einer Nachrichtenredaktion hat dieses Klischeebild noch weiter verzerrt. Meldungen aus Mexiko
drehen sich in deutschen Medien meist um Drogenbosse, in

Massengräbern verscharrte Frauen, vergewaltigte Touristinnen oder vermisste Jugendliche.

»Auf den Fotos sieht es super aus!«, hatte Christoph meine Bedenken zu zerstreuen versucht. »Unsere Tauschpartner sind Oma, Mutter und Tochter. Wenn die dort klarkommen, können wir das auch.«

Er hat mich nur zu siebzig Prozent überzeugt: Seit unserer Landung scanne ich nervös mein Umfeld. Das Taxi stoppt. »Das ist Ihr Hotel«, sagt der Fahrer.

Wir stehen an einer vierspurigen Straße aus brutalistischen Betonbauten mit einem Grünstreifen in der Mitte. Die Laternen tun ihr Bestes – und das ist nicht viel. Eine düstere Ecke. »Das Hotel Milán liegt im tollsten Viertel. Alle Schriftsteller steigen dort ab«, hatte unser Freund und Mexikokenner Gabriel das Haus angepriesen. Ob wir an der falschen Adresse sind? Nein. Das ist unser Hotel. Dann mal rein in den Literatentempel. Der sieht aus wie mein altes Gymnasium: triste Glas- und Sandsteinplatten. Auch das Zimmer ist eher zweckmäßig als einladend. Ausnahme: der leuchtend grüne Bettüberwurf mit aufgedrucktem Jaguar.

»Noch ein Bier vor dem Schlafengehen?«, fragt Christoph. Ich nicke. »Und dann ins Bett.«

Der Kellner betreut uns mit der strengen Noblesse eines *Maître d'hôtel*. Christoph bestellt ein Negra Modelo. Ich deute auf die Karte: »Was ist Michelada?«

»Eine Art Seelentröster«, lautet die Antwort. Ein Katerdrink. Vielleicht hilft der ja auch gegen Jetlag.

Der Kellner kommt mit einem vor Kälte beschlagenen Glas zurück, gefüllt mit Limettensaft und Bier und garniert mit einem Rand aus Chilisalz. Beim ersten Schluck ziehen sich mir alle Muskeln im Mund zusammen. Herrlich! Das Glas ist sofort leer. Nach dem zweiten fühle ich mich schon bedeutend besser. Gerade erst angekommen und schon ein neues Lieblingsgetränk. Vielleicht war Mexiko doch keine so schlechte Idee!

Zurück auf dem Zimmer stellen wir den Wecker auf halb sechs und kuscheln uns unter die grüne Raubtierdecke. Der Jaguar hat in Mexiko eine besondere Bedeutung: als *Nagual*, Schutzgeist, bewacht er Schamanen auf ihren Reisen zwischen Erde und Geisterwelt. Wir sind nur zwei zwischen den Zeitzonen wandelnde Touristen. Aber vielleicht beschützt die jadeäugige Katze heute Nacht ausnahmsweise auch uns.

Der Taxifahrer, der uns morgens im Hotel abholt, spricht kein Englisch. Christoph versucht es auf Spanisch: »Terminal Central de Autobuses del Norte« – wir möchten, dass er uns zum Busbahnhof bringt.

Die Stadt ist kaum wacher als wir. Ein Straßenfeger schiebt im Dämmerlicht mit seinem Besen Blätter und Papier zusammen. Eine Köchin rollt an ihrem Verkaufswagen Teig für die Frühstücks-Tacos. In kupferfarbenes Licht getaucht, wirkt die Stadt freundlich, einladend. Christoph nimmt meine Hand und drückt sie freudig: Wir sind wieder unterwegs! Dann halten wir in einer Sackgasse.

»Sind wir da?« Es ist kein Bahnhof zu sehen.

Der Fahrer stellt unsere Koffer auf die Straße, deutet um die Ecke: »Autobus.« Dann nimmt er mich fest bei den Schultern, sieht mir aufmunternd in die Augen und sagt: »¡Dios te bendiga!« – Gott segne dich.

Ich stammele »Thank you. Gracias«, nehme frisch gesegnet meinen Koffer und mache mich mit Christoph auf in Richtung Busstation.

Die Abfahrthalle erinnert an eine Kathedrale: weitläufig und ruhig. Ganz schön entspannt, so eine Zigmillionenstadt. Auch die Busse sind besser als erwartet. Ich hatte mich in Gedanken eingezwängt zwischen einer bezopften Oma mit Hühnerkäfig und einem kettenrauchenden Wrestler mit Spiderman-Maske in einem rostigen hupenden Bus durch das Gebirge schaukeln sehen, vom Abgrund nur eine Reifenbreite entfernt. Doch ich lerne: Mexiko hat eine der modernsten Fernbusflotten der Welt.

Während sich auf dem Fernsehbildschirm vor mir »The Avengers« zusammenraufen, breitet sich draußen Mexiko-Stadt aus. Soweit ich sehen kann: Häuser. Mit jedem Kilometer, den wir fahren, wird die Weite dieser Stadt deutlicher. Andere Metropolen wachsen in den Himmel, Mexiko-Stadt von Horizont zu Horizont. Nach einer Stunde haben wir die Stadt hinter uns gelassen. Nach einer weiteren werden aus den Feldern Felsen, den Hügeln Berge. Ich verrenke mir den Hals, weil in der Ferne der Popocatépetl zu sehen ist. Der rauchende Berg. Der Sage nach ist der Vulkan ein Krieger, der über seine verstorbene Geliebte wacht. Sehr romantisch. Obwohl El Popo, wie der Vulkan auch genannt wird, für deutsche Ohren nicht so richtig heroisch klingt.

»Wir sind da!«

Ich blinzele verschlafen aus dem Fenster. Wow! Oaxaca de Juárez muss die farbenfrohste Stadt der Welt sein. Die mutig gestrichenen Wände lassen jeden Regenbogen vor Neid erblassen. Die 250.000-Einwohner-Stadt, deren Name klingt wie ein Triumphschrei (man sagt »Wah-HAH-kah«), schmiegt sich an die grünen Ausläufer der Sierra Madre del Sur. In der Innenstadt gibt es kaum Neubauten. Das Stadtzentrum sieht noch fast so aus wie im 16. Jahrhundert: zweistöckige Häuser mit schweren Holztüren, breite Straßen, mächtige Kirchen. Und auf einem Berg darüber thronen die prächtigen Ruinen der Handelsstadt Monte Albán: Über 1500 Jahre die Heimat von Olmeken, Zapoteken und Mixteken, bis die Einwohner die Stadt aus unbekannten Gründen verließen. Noch heute kann man die zentrale Pyramide von Weitem sehen. Die UNESCO hat sowohl die Ausgrabungsstelle als auch die Innenstadt von Oaxaca de Juárez zum Weltkulturerbe erklärt.

Ein Taxi bringt uns zu der Adresse, die uns Paula gemailt hat. Paula ist die Matriarchin einer amerikanischen Haustauscher-Familie. Ihre Tochter und ihre Enkelin tauschen sich seit einigen Monaten um die Welt. Unsere Berliner Wohnung ist nur eine ihrer vielen Stationen. Paula hütet unterdessen das Anwesen. Uns ist das ganz recht. Von unseren bisherigen Zielen ist Oaxaca de Juárez das ungewöhnlichste. Mit einer Ansprechpartnerin im Haus leben wir uns bestimmt leichter ein.

Der Fahrer rumpelt mit uns über Straßen, die jedes Auto vorzeitig vergreisen lassen. Vor einem kornblumenblauen Haus mit eisenbeschlagener Holztür hält er an. Unser Zuhause für die kommenden vier Wochen. Noch bevor wir den schweren schwarzen Ring gegen das Holz schlagen können, beginnt es drinnen zu kläffen: Das ist Hetty, unser Tauschhund. Drei Riegel werden mit Kraft zur Seite geschoben. Die Tür schwingt auf. Hinter einem alarmierten weißen Wuschel – Hetty – steht eine ältere Dame in bestickter Tunika und weiten Leinenhosen. Paula, unsere Tauschoma, begrüßt uns freundlich: »Herzlich willkommen!«

Wir wuchten die Koffer durch die Tür. *Tschak, tschak, tschak* schiebt Paula die Riegel wieder vor. Hündin Hetty grummelt. Sie scheint Gäste nicht leiden zu können. Wir stehen im kühlen Halbdunkel einer Galerie. Treppen führen nach unten ins Wohnzimmer und hinaus auf den Hof. Aus den Nischen der weiß gekalkten Wände starren uns mystische Wesen an: ein Holzhase mit Hirschgeweih, eine geflügelte Schildkröte, eine Mantis mit Skorpionstachel. Ihre Körper sind mit winzigen Mustern bemalt, in Farben wie aus einem LSD-Traum.

»Guck mal, Wolpertinger!«, sage ich zu Christoph.

»Das sind *Alebrijes* – Schutzgeister«, erklärt Paula. »Kommt, ich zeige euch euer Zimmer.«

Sie geht voran über den Hof, der von dem Hauptgebäude, links von einer hohen Mauer und rechts von zwei weiteren Gebäuden begrenzt wird. Das hintere liegt versteckt unter zwei gewaltigen Mangobäumen, von denen Früchte wie Laternen hängen. Das rechte hat zwei Stockwerke und eine Terrasse, die mit dem Haupthaus verbunden ist. In der Mitte des Hofs plätschert ein gekachelter Springbrunnen.

»Ich habe euch dort alles herrichten lassen«, sagt Paula und deutet auf das Terrassenhaus.

Plomp, kracht eine Mango vom Baum. Hetty springt erschreckt auf Paulas Arm. Ich strecke den Kopf durch die Tür unseres neuen Zuhauses. Es sieht aus wie eine mexikanische Puppenstube. Die dunklen Möbel sind handgeschnitzt. An den Wänden hängen Läufer, auf die tintenfarbene Tiere gestickt sind. Dicke Quasten hängen am Bettüberwurf, und auf dem Fensterbrett steht ein azurfarbenes Holzstachelschwein. Ein echter Glücksgriff!

»Kommt rüber, falls ihr Fragen habt«, sagt Paula. Dann lässt sie uns allein.

Unser blaues Haus liegt im fröhlich-lauten Zentrum von Oaxaca de Juárez. Sechzehn verschiedene Volksgruppen leben im mexikanischen Bundesstaat Oaxaca. Eine hat immer etwas zu feiern. Oft werden wir schon morgens von Feuerwerkskörpern geweckt. Zuerst halte ich das Geräusch für Schüsse. Doch nachdem wir fast täglich in eine Prozession aus tanzenden, trompetenden, stelzengehenden Menschen geraten, die sich gegenseitig mit Böllern bewerfen, schreckt mich der Krach bald nicht mehr. Knallen, lerne ich, ist ein Ausdruck von Freude. Wah-HAH-kah! Wenn der Tag nicht böllernd beginnt, dann mit in den Hof polternden Mangos. Ein netter Service der Rotbauchhörnchen (wegen ihrer gelben Flauschbäuche taufen wir sie »Mangohörnchen«). Sie tänzeln über das Balkongeländer und springen von dort in den Baum, um an den reifen Früchten zu nagen – bis diese nach unten krachen. Frisches Obst für unser Frühstück. Wir müssen es nur noch aufsammeln.

Christoph hat einen Spanischkurs belegt. Um elf Uhr macht er sich jeden Tag mit seiner Tasche auf den Weg zum Unterricht. Ich gehe zum Arbeiten am liebsten ins Café Fika*. Die heiße Schokolade dort ist köstlich. Wie alles in Oaxaca wird sie kräftig gewürzt: mit Vanille und Chili, Pfeffer und Lavendel, Muskat und Orange. In Mexiko zu essen ist für mich, als würde ich eine neue Sprache lernen: Meine Zunge stolpert über *Chepiche* (ein Kraut, dessen Zimt- und Koriandernoten über Stunden am Gaumen haften), *Champurrado* (das Bauernfrühstück, ein dicker warmer Schokoladen-Mais-Smoothie), *Tlayuda* (mexikanische Pizza), *Achiote* (eine blutrote, blumige Paste aus Annattosamen). Einmal probiert, bekomme ich den Geschmack nicht mehr aus dem Kopf.

Nachmittags hole ich Christoph vom Unterricht ab, und wir gehen auf den Markt. Essen unter den Arkaden des Mercado de Benito Juárez mit Kürbisblüten gefüllte *Quesadillas* für einen Euro. Kaufen in der Halles des Mercado Hidalgo Fadenkäse, mit Chili gewürzte Ananas, grüne Bananen und fantastische geräucherte Schrumpel-*Jalapeños*, die selbst durch die Plastikfolie duften, bis mir der Magen knurrt.

Mein liebster Markt, der Mercado Pochote Xochimilco, hat leider nur zweimal pro Woche geöffnet. Im Hof einer trutzigen

---

* Dass der Name eigentlich schwedisch ist und »Kaffeepause« bedeutet, verstehe ich erst ein Jahr später. Während unseres Haustauschs mit einer schwedischen Familie wird die von *Hallongrottor* (Himbeerplätzchen), *Kanelbullar* (Zimtschnecken) und *Chokladbollar* (Schokokokoskugeln) versüßte *Fika* zu unserem liebsten Ritual.

sandfarbenen Kirche bauen Kunsthandwerker und Ökobauern nicht nur ihre Stände auf, sondern auch lange Tafeln. Dort sitzen wir mit mexikanischen Familien zusammen und essen. Bunte Girlanden hängen in den Bäumen. Ponchos und Schals flattern in der Brise. Eine dreiköpfige Band marschiert klampfend um die Tische. Es duftet nach Rauch, Schokolade, gegrilltem Rind, Melonen. In schweren Töpfen blubbern sämige Soßen: die *Moles*. Sieben verschiedene gibt es in Oaxaca. Zwischen zwanzig und vierzig Zutaten werden dafür über Stunden eingekocht. Jede der Frauen auf dem Markt hat ihr eigenes, geheimes Rezept, und ich versuche, so viele zu kosten wie möglich. Hier probiere ich auch zum ersten Mal die »Speise der Götter«: *Huitlacoche*, einen Parasit, der auf Maiskolben wächst (in Deutschland sagt man Maisbeulenbrand). Der grauschleierige Pilz schmeckt nach Holz und Erde. Fantastisch! Christoph wagt sich an Tacos mit Heuschreckensoße (*Chapulines*): salzig, scharf – gar nicht schlecht. Manches Gericht kostet Überwindung, aber in jedem Bissen steckt auch ein Stück mexikanische Identität. Und die umfasst so viel mehr, als die oft einfallslosen Burritoläden in Deutschland erahnen lassen. Wir schmecken die Liebe und Mühen, die das Land den Menschen abverlangt. Essen seine Geschichte. Zu Hause fände ich es absurd, mit Insekten zu kochen. In Oaxaca wäre es absurd, es nicht zu tun. Wenn das Leben dir Ameisen und Würmer schenkt: Mach Gewürzmischung draus!

Zu unserem Gästehaus gehört auch eine gelb gekachelte, überdachte Outdoorküche. Dort sitzen wir oft bei einem selbst gemixten Glas Michelada und knabbern Chili-Snacks, bis unsere Zungen fast taub sind. Der Bier-Longdrink, den wir in Mexiko-Stadt kennengelernt haben, wird hier zwar Suero genannt, die Rezeptur ist im Großen und Ganzen aber die gleiche. Wir hören dem Springbrunnen beim Plätschern und den Feiernden beim Böllern zu und stoßen an: auf das Leben, das Reisen und das Springen über den eigenen Schatten.

Das bedeutet auch: mit der Armut klarzukommen, die in Oaxaca nicht erschütternd, aber doch sichtbar ist; sich an den Anblick der vermummten Polizisten zu gewöhnen, die auf der Ladefläche ihrer Trucks stehend durch die Fußgängerzone fahren, Maschinengewehre im Anschlag; und zu akzeptieren, dass zum Haus zwei Haushälterinnen namens Verónica und Ana Maria gehören, die sich unnötigerweise auch für unsere Räume zuständig fühlen. Selbst durch freundliche panto-mimisch vorgetragene Bitten lassen sie sich nicht vom Auf-räumen abhalten. Mit Rosa, Verónicas pausbäckiger Tochter, klappt die Verständigung aber auch ohne Worte. Die Vierjährige, die ihre Mutter zur Arbeit begleitet, spielt gerne Verstecken – das geht in dem großen Haus hervorragend – und kichert, wenn wir sie finden.

Der einzige Weg, das Anwesen zu verlassen, führt durch das Haupthaus und die Tür mit den drei schweren Riegeln. *Tschak, tschak, tschak.* Wenn wir rauswollen, müssen wir deswegen immer auch an Paulas Arbeitszimmer vorbei. Meist sitzt sie dort am Computer, Hetty zu ihren Füßen. Der weiße Wuschel lässt keine Gelegenheit aus, uns zu verbellen. Paula behandelt uns dagegen sehr freundlich – an einem Nachmittag bringt sie Kuchen vorbei, an einem anderen Käse und einen duftenden Basilikumstrauß –, aber ihre Anwesenheit verhindert, dass sich das beim Tauschen übliche Zuhausegefühl einstellt. Wir bleiben Gäste.

»Wollt ihr rüberkommen und mit mir essen?«, fragt sie eines Abends.

Bei Avocadosalat und Pasta kommt das Gespräch auf die Frage, die wir uns bisher verkniffen haben: Was bringt drei Amerikanerinnen dazu, nach Mexiko auszuwandern?

»Ursprünglich waren wir zu viert. Meine Mutter war allerdings schwer krank«, sagt Paula. »Hier konnten wir uns eine Pflegerin und ein großes Haus leisten.« Bevor sie den USA und seinem Gesundheitssystem den Rücken kehrten, gingen Paula und ihre Tochter Susan auf Mexiko-Rundreise. »Wir haben uns einige Städte angesehen und uns dann in der schönsten niedergelassen.« Oaxaca de Juárez.

Fünf Jahre haben die Frauen hier unter einem Dach gelebt. Mittlerweile sind sie nur noch zu dritt. Und bald wird Hanna, Paulas Enkelin, in den USA aufs College gehen. Vorher ist sie mit ihrer Mutter aber noch mal auf Weltreise gegangen: auf Haustausch mit Korea, Marokko und der Schweiz. »Sie wollten das Jahr ausnutzen. Und für Hanna ist es eine gute Gelegenheit, ihre Sprachkenntnisse zu verbessern.« Das blonde Mädchen, das wir nur von Fotos kennen, spricht sechs Sprachen fließend. Ich würde gern noch mehr über die Frauen wissen – wovon sie leben und was sie aneinander bindet –, aber Paula gibt uns auf dezent-amerikanische Art zu verstehen, dass der Abend nun beendet ist.

Mit der Zeit entwickele ich kleine Rituale. Mehrmals in der Woche steige ich zum Beispiel am alten Aquädukt entlang den Berg hinauf zu einem Café, das Kaktus-Limetten-Eis verkauft. Gegenüber ist ein kleines Reisebüro. Wie sich herausstellt, gehört es einer Deutschen. Claudia organisiert Wanderungen zu den Dörfern der Umgebung. Mit ihr und ihrem Mann Yves erkunden wir ein Wochenende lang die Sierra Norte, eine bewaldete Berglandschaft im Nordosten des Bundesstaats. Vom auf 2450 Meter gelegenen Bergdorf Latuvi wandern wir auf dem Camino Real, der alten Goldroute, nach Lachatao. Der felsige Weg führt durch dicht bewaldete Schluchten und über steile Grate. Orchideen wachsen auf den Bäumen. Yves schneidet die Bulben ab, damit wir den Saft heraussaugen können. Eine Erfrischung vor dem nächsten Anstieg.

Schwitzend grübele ich, wie die Spanier über diesen schmalen Pfad tonnenweise Gold aus den Minen zum Meer transportieren konnten. Wahrscheinlich haben hier etliche Zwangsarbeiter ihr Leben gelassen. Als die Eroberer 1520 nach Oaxaca kamen, beraubten sie die Berge nicht nur ihrer Schätze: Experten zufolge lebten damals noch 1,5 Millionen Indigene in der Region. 130 Jahre später waren es nur noch 150.000. Ihr kulturelles Erbe wurde verschleppt oder vernichtet.

Im Zapotekendorf Lachatao erwartet uns Oscar, ein sehniger Hobbyanthropologe mit einem breiten, fröhlichen Gesicht. Zwanzig Jahre lang suchte er nach dem heiligen Jaguarhügel, nachdem er darüber in einem der alten Codices gelesen hatte. In Lachatao glaubt er ihn entdeckt zu haben. Oscar führt uns einen Pfad entlang, der sich um eine Bergkuppe windet. Schweigend stapfen wir voran. Das letzte Stück müssen wir klettern.

»Schließ die Augen«, bittet mich Oscar. Er packt mich bei den Händen und zieht mich nach oben. »Jetzt kannst Du schauen.« Wir stehen auf einem Felsgrat, auf Augenhöhe mit einem kreisenden Adler, die Welt zu unseren Füßen. Tal um Tal zieht sich bis zum Horizont. »Beeindruckt?«, fragt Oscar stolz. Überwältigt!

Er zeigt uns Felsplatten – »die alten Tempelstufen« – und den Steinkreis, in dem die Bewohner von Lachatao dank Oscars Ausgrabungsarbeiten nun wieder für Zeremonien zusammenkommen. Auch wir sollen uns an den Händen fassen. Im gleißenden Sonnenlicht ruft Oscar die Elemente an. Segnet uns. Benommen von der Hitze wandern wir zurück ins Dorf.

»Kommt doch noch mit zu mir«, schlägt Oscar vor.

In seinem Haus aus Wellblech und Steinen sitzen wir in der engen Wohnküche am handgezimmerten Holztisch. Der

Hausherr schenkt Mezcal ein. Erst klaren, trockenen. Dann braunen, schweren. Dazu reicht er uns goldenes Agavenfleisch, aus dem der honigsüße Saft quillt. Im Halbdunkel des warmen Raumes, befeuert vom Schnaps, verwischen die Grenzen von Wahrheit und Legenden. Es geht um den Peyote-Ethnologen Carlos Castañeda, um Schwitzhütten-Rituale und verzauberte Orte. Hexen und Geister bevölkern Oscars Küche. Wah-HAH-kah!

»Zeit zum Aufbruch«, erinnert uns Yves.

Durch die Heckscheibe des Autos winke ich Oscar zu, der immer kleiner wird. Ein Magier auf seinem Berg.

In unserer letzten Woche in Oaxaca steht ein großes Fest an: Rosa, die Tochter der Haushälterin, wird fünf. Und wir sind eingeladen! Wir suchen auf dem Markt und in den Geschäften, bis wir ein Geschenk finden: ein besticktes Federmäppchen für ihre Buntstifte. Am Samstag sitzen wir dann mit Paula und Rosas Eltern vor einer Schokotorte mit Clownsgesicht, die fast halb so hoch ist wie das Geburtstagskind. Viel unterhalten können wir uns nicht: Rosas Eltern sprechen kein Englisch – und Christophs Spanisch ist trotz Sprachkurs immer noch im Bitte-Danke-Das-große-Haus-ist-grün-Status. Aber Rosa klettert von einem Schoß auf den nächsten, dekoriert uns mit Geschenkpapier und füttert uns mit Schokotorte von ihrem Teller. Für ein paar Stunden sind wir Teil einer mexikanischen Familie. Zum Abschied hängt Rosa Christoph und mir ihre Speckärmchen um den Hals. Ich muss schlucken. Mexiko wird mir fehlen.

Zurück in Mexiko-Stadt steigen wir wieder im Hotel Milán ab. Es ist das gleiche Hotel, die gleiche Straße wie bei unserer Ankunft. Aber mir kommt es vor wie eine andere Welt. Statt angespannt bin ich nun verliebt: Hinter den ausladenden Kronen Mexikanischer Korallenbäume bröckeln die Fassaden cremefarbener Stadtvillen. Vor den Coffeeshops sitzen Studenten vor aufgeklappten Laptops. Ein Händler verkauft Eis am Stiel: Maracuja-Mezcal und Limette-Chili. In den Schaufenstern locken Sixties-Möbel, mit farbigen Glasperlen besetzte Vespa-Helme und handgenähte Schuhe. Ich rolle mit meinem Koffer über die Straße, mit den Augen woanders. Pralle fast mit einem bärtigen Typen zusammen, der auf seinem hellblauen Bike angesaust kommt. Aber er schimpft nicht, sondern winkt nur: nichts passiert!

Ich drehe mich zu Christoph um: »Weißt du, was toll wäre? Ein Haustausch mit Mexiko-Stadt!«

»Ausgerechnet Mexiko?«, fragt Christoph schmunzelnd. Er nimmt mich in den Arm: »Aber wenn ich drüber nachdenke – warum nicht?«

▶ **Tipps für Oaxaca de Juárez**

- Der Maler Francisco Toledo wird in Oaxaca verehrt wie ein lebender Heiliger. Kein Wunder: Er setzt sich für die Belange der Benachteiligten ein, engagiert sich für die Kunst, die Erhaltung der Stadt und der traditionellen Gerichte. In dem von ihm gegründeten Instituto de Artes Gráficas de Oaxaca werden wechselnde Ausstellungen gezeigt.
- Auch der strenge Jardín Etnobotánico de Oaxaca ist Francisco Toledo zu verdanken. Mit seinem Malerkollegen Luis Zárate gestaltete dieser 1994 den Garten des ehemaligen Klosters Santo Domingo de Guzmán um – zum vielleicht schönsten botanischen Garten der Welt.
- Vor dem barocken Portal von Santo Domingo de Guzmán sitzen von morgens bis abends Menschen auf der Mauer gegenüber dem Café Manolo Nieves und essen pastellfarbe-

nes Eis. Seit über 150 Jahren (damals wurde im Winter Eis aus den Bergen geholt und in Kellern aufbewahrt) stellt die Familie von Francisco Velasco Sorbets her. Auch aus ungewöhnlichen Zutaten wie dem Agavenschnaps Mezcal, aus *Epazote*, Kaktusfrucht, Ameisen oder Basilikum.

- Auf dem Wochenmarkt in Tlacolula, nicht weit von Oaxaca entfernt, kommen sonntags die Händler der Umgebung zusammen. Der Markt ist ein gewaltiges, von Lebensmitteln und Kunstgewerbe nahezu berstendes Labyrinth – selbst für extrem ausdauernde Foodies und Fotografen eine Herausforderung.

- Zum fröhlich bunten B&B Las Bugambilias gehört nicht nur ein beliebtes Restaurant mit Rooftop-Bar, sondern auch ein Garten mit *Temazcal*, dem traditionellen Schwitzbad.

- Das hippe Eckrestaurant La Popular mit seiner eklektischen Musik und vielen vegetarischen Gerichten ist jeden Abend voll mit Studenten. Unbedingt probieren: *Tlayuda*, die mexikanische Version der Pizza.

- Im überdachten Innenhof des Casa Oaxaca Café kann man zu jeder Tageszeit und bei jedem Wetter unter Bäumen sitzen und den Köchen zuschauen, die über dem offenen Feuer modern interpretierte mexikanische Köstlichkeiten zubereiten. Chefkoch Alejandro Ruiz gilt als einer der besten des Landes (auch René Redzepi, Mitbesitzer und Küchenchef des Noma, ist sein Fan).

- Während eines privaten Tastings in der eleganten Mezcaloteca lernt man alles Wissenswerte über das Traditionsgetränk Mezcal. Anmeldung erforderlich.

- Tourguides mit guten Kenntnissen der Natur und Volksgruppen im Bundesstaat: Eric, ein Mexikaner mit sehr guten Englischkenntnissen (zapotrek.com), und die Deutschen Claudia und Yves (tierraventura.com).

Nachttischschubladen und Browser-Historie

Wie man die Privatsphäre der anderen achtet

Christoph
Eine Frage, die jeder Haustauscher kennt: Habt ihr denn keine Angst, dass die anderen in euren Sachen wühlen? Manchmal denke ich mir, dass die Frage mehr über denjenigen aussagt, der sie stellt, als eine Antwort über uns oder unsere Tauschpartner. Warum sollte jemand die Aktenordner in meinem Arbeitszimmer nach einem Steuerbescheid durchstöbern? Zum einen würde ich das auch nicht tun, zum anderen gibt es wenig, was langweiliger und uninteressanter ist als fremder Leute Kleiderschränke oder Schreibtischschubladen. Erst recht, wenn man an einem fremden Ort ist, an dem es ohnehin so viel zu erkunden und zu entdecken gibt. Ich kann von Sacré-Cœur auf Paris hinunterblicken, am Strand von Pacifica surfen oder durch die bunten Straßen von Oaxaca spazieren. Und da soll ich im Arbeitszimmer meiner Gastgeber die Aktenordner durchstöbern, um irgendwo auf einen Steuerbescheid und damit das Jahreseinkommen zu stoßen? Nicht böse sein, aber das ist wirklich nichts für mich.

Klar, um manche Sachen kommt man nicht herum. Meist sieht man zwangsläufig, was für Kleidung in der nicht leer geräumten Hälfte des Kleiderschranks hängt oder welche Bücher im Regal stehen. Und genau durch solche Kleinigkeiten wachsen einem die Tauschpartner ja auch ein wenig ans Herz. Weil man sich durch ebendiese Details kennenlernt, obwohl man sich vielleicht nie getroffen hat. Man sieht die riesige Sammlung mit Tieren und Autos bedruckter Krawatten und fragt sich: Wer die wohl aussucht? Da sind die Familienfotos auf den Schreibtischen und Anrichten: unsere Tauschpartner in jungen Jahren, ihre Kinder noch klein. Oder die Sporttrikots und Urkunden, der Stundenplan des Kindes am Kühlschrank – Details, aus denen sich ein Bild der anderen zusammenfügt. Ohne Stöbern und ohne deren Privatsphäre als Fußabtreter zu benutzen.

Natürlich gibt es manchmal Grenzfälle. Wenn ich Tesafilm brauche, öffne ich die Schreibtischschubladen, bis ich ihn finde. Schneide ich mich in den Finger, sucht Jessica im Badezimmerschränkchen nach einem Pflaster und fährt nicht erst zum nächsten Supermarkt, während ich mit tropfendem Finger in der Küche warte. Für mich ist das etwas anderes, als nur aus Neugier Schubladen aufzumachen. Oder im Bad jede Creme und Pillendose eingehend zu untersuchen. Dass man nicht in den privaten Dingen anderer Leute herumschnüffelt, gebietet der Anstand. Ich mache es schließlich auch nicht, wenn ich Familie oder Freunde besuche – und die Versuchung ist, offen gesagt, auch deutlich geringer, als manch einer vielleicht vorher denken würde.

Denn Fakt ist: Das Leben anderer Menschen ist doch am Ende genauso banal wie das eigene und keinen Deut aufregender. Aus diesem Grund wühlen Menschen normalerweise* auch nicht im Müll ihrer Nachbarn, um daraus Informationen über deren Privatleben zu erhaschen: »Aha, die teure Cornflakesmarke, da hat wohl jemand eine Gehaltserhöhung be-

---

* Es sei denn, sie sind Privatdetektiv und die Mülltonne gehört einem Verdächtigen. Oder sie sind Paparazzi, und die Mülltonne gehört Günther Jauch. Aber selbst Letzteres gehört sich nicht.

kommen!?« Und aus diesem Grund sitzen Menschen auch nicht den ganzen Tag im Café und belauschen die Gespräche an den Nebentischen. Obwohl sie es könnten. Wer an das Gute im Menschen glaubt, wird das auf Moral und Anstand zurückführen. Aber selbst, wer nicht daran glaubt, kann sich trösten: Es ist einfach viel zu langweilig.

Ein paar Maßnahmen sind außerdem schnell ergriffen, wenn man ganz sichergehen will: die wichtigsten Aktenordner oder privatesten Fotoalben in einem abschließbaren Schrank verstauen; oder im Keller. Dorthin, ins Reich der Spinnweben und des ewigen Staubs, wagt sich meistens kein Tauscher vor. Auf dem eigenen Rechner wiederum kann man ein Gastprofil einrichten. Dann können die Tauschpartner im Internet surfen, für ihren Rückflug einchecken oder E-Mails schreiben – aber weder die Browser-Historie des Besitzers sehen noch versehentlich das philosophische Meisterwerk löschen, an dem dieser seit Jahren unermüdlich schreibt.

Kopenhagen: unser erster Tausch. Wir zelebrieren »hygge«, die Einheimischen genießen das schöne Wetter. Der Sommer beginnt hier mit den ersten Sonnenstrahlen.

Princeton: Die altehrwürdige Uni prägt das Leben in der Stadt. Zur alljährlichen *Reunion* kommen die Ehemaligen noch einmal zurück und feiern, was das Zeug hält.

Oaxaca de Juárez: Sechzehn Volksgruppen leben im Bundesstaat Oaxaca. Dort errichteten sie Stätten wie das zapotekische Mitla.

Oaxaca de Juárez: Auf den Märkten begegnen wir einem der wundervollen Schätze des Landes – seiner Küche. Seit 2010 gehört diese zum UNESCO-Weltkulturerbe.

Oaxaca de Juárez: Irgendwas gibt es in der wohl schönsten Stadt Mexikos immer zu feiern. Und meist beginnen die Partys vor der Iglesia de Santo Domingo de Guzmán.

Oaxaca de Juárez: Viele der über 400 Jahre alten Fassaden sind fröhlich bunt gestrichen. In den schachbrettartig angelegten Straßen folgt Rosa auf Orange, Türkis auf Gelb.

Oaxaca de Juárez: Im bergigen Bundesstaat Oaxaca wird nach Vegetationszonen charakterisiert: Je nachdem, auf welcher Höhe man lebt, ist man Pinie oder Kokosnuss.

Oakland: Ob Halloween oder Silent Disco auf dem Treasure Island Festival – das Motto lautet: *Party like a local!*

Oakland/Stockholm: Ohne Haustausch wüsste Christoph vielleicht bis heute nicht, wie gern er Katzen mag.

Oakland: Christoph wagt sich in die Wellen. Der Name des kleinen Ortes, etwa 45 Minuten vor San Francisco, hält, was er verspricht: Pacifica. Wer möchte da nicht surfen?

Stockholm: Tanken auf Schwedisch. Vor dem Café Ekudden können Schiffe Treibstoff nachfüllen.

Stockholm: Laut »*kwack, kwack, kwack*« keuchend um den *Midsommar*-Baum hüpfen oder sich auf einem Schoner in der Sonne räkeln? Egal. Hauptsache, danach gibt es eine *Fika*.

Berlin: Bei unserer Rückkehr aus Schweden erwarteten uns Gebasteltes, Messbecher und ein Craft-Beer-Potpourri von unseren Tauschpartnern.

Paris: Die Pariser sind am Meer. Macht uns nichts. Essen wir die Croissants eben alleine.

Perth: Fremde laden uns zum Weihnachtsessen ein, und der Freund eines Freundes geht mit uns auf Entdeckungstour: Australier, ihr seid die Besten!

Perth: Das gilt übrigens für alle Australier mit bis zu vier Beinen.

Das Leben der anderen

Wie man dank Zeitungsabos, Supermarktempfehlungen
und Friseurbesuch in einen fremden Alltag hineinwächst

Jessica | Dezember 2016

Oakland. Wenn mich jemand fragt, wo es mir am besten gefallen hat (und die Frage kommt oft), muss ich nicht lange
überlegen. Mein Herz ziept, wenn ich an unser Haus in Kalifornien denke. An das *Klick, klick, klick* der Katzenkrallen auf
dem Parkett, das mich weckt. Den Geruch von Filterkaffee
und Oatmeal in der großen Küche mit Erker. An den Blick
vom Hügel auf das graue Meer. An die Wolken, die mit der
Dämmerung wie Piratenschiffe angesegelt kommen, um
sich erst die Golden Gate Bridge und dann San Francisco
mit all seinen Lichtern einzuverleiben. Fast täglich versinkt
die Bay im Winter im Nebel – Oaklands Straßen leuchten
weiter im kupferfarbenen Abendlicht. Oaxaca, Stockholm,
Barcelona – alles wundervolle Städte, aber Oakland ist mein
Sehnsuchtsort. Schon als Teenager hätte ich mir wohl einen
Kalifornien-Starschnitt übers Bett gehängt, aber in der *Bravo*
gab es ja damals nur Madonna und Boris Becker. Erwach-
sen geworden reiste ich nach Palm Springs, Los Angeles und
Big Sur, aber es blieb immer nur beim oberflächlichen Meet-
and-greet. Ein paar Tage hier, ein paar Tage dort, Koffer auf,
Koffer zu. In den drei Monaten Haustausch dagegen wurde
es richtig ernst mit Oakland und mir – und das fühlte sich
gut an.

Das Zuhause von Karen und Richard, unseren Tausch-partnern, trug viel dazu bei. In einer Straße hübscher Einfami-lienhäuser gehörte es zu den älteren. Es war geschmackvoll eingerichtet, aber unordentlich genug, dass ich mich beim Fernsehen traute, die Füße auf den Tisch zu legen. Die Dellen in den Sofakissen, die Fotos im Flur, die lustigen Kaffeetassen im Schrank und das sonnenbeschienene Gemüsebeet erzähl-ten von einer frohen, ein bisschen nerdigen, linksliberalen Familie. Einer Familie, in der ich mich vermutlich auch wohl-gefühlt hätte. Als Tochter von Karen und Richard, aufgewach-sen zwischen Tennisschlägern und Katzenspielzeug, »I love Obama«-Aufklebern und »Gay Rights«-Wimpeln, der »Harry Potter«-Sammlung und Büchern wie dem *Hippie-Handbuch* (»T-Shirts färben, Peace-Zeichen machen und andere essen-zielle Fähigkeiten für ein sorgenfreies Leben«), hätte ich es womöglich als Studentin bis nach Berkeley geschafft. Oder an die weiter entfernte Yale – Papa muss ja nicht alles mitkriegen. Vielleicht wäre ich unter die Firmengründer gegangen, mit einem Unternehmen im Silicon Valley, das Langzeitspeicher für Ökostrom entwickelt. Vielleicht hätte ich aber auch die Schule geschmissen, um mit einem surfenden Bäcker um die Welt zu reisen und Bücher zu schreiben. Was wiederum der Beschreibung von Christoph und unserem gemeinsamen Le-ben ziemlich nahekommt.

Mit jedem Tag, an dem ich in Kalifornien morgens in mei-nen Birkenstocks die *New York Times* vom taunassen Rasen klaubte, Waschmittel in die nach oben geöffnete Waschtrom-mel kippte* oder Bananenbrot backend in der Küche stand,

---

* Toploader nennt man diese Waschmaschinen. Und die Frage, warum teilweise dieselben Firmen Waschmaschinen mit Öffnung vorne für Europa bauen und nach oben geöffnete für die USA, be-schäftigt mich bis heute. Ebenso die Frage, warum wir Deutschen

wuchs ich mehr in das Leben einer Kalifornierin hinein. Die Menschen, mit denen ich für meine Artikel sprach – zum Beispiel mit einer irrwitzig klugen Wissenschaftlerin über die Wiederbelebung von Mammuts oder mit einem Designer über Roboterkämpfe –, haben keine Angst davor, groß und optimistisch zu denken. Ich spürte förmlich, wie sich mein Horizont mit jedem Treffen weitete.

Mit jedem Haustausch schlüpfe ich so in das Leben anderer Menschen, kann es anprobieren wie eine getragene Jacke. Manche passen auf Anhieb. Andere nicht so. Aber dadurch lernen Christoph und ich auch immer etwas dazu: über unsere Bedürfnisse und Ziele. Wie viel Platz brauchen wir? Weniger als in Perth (sechs Zimmer), mehr als in Stockholm (eineinhalb Zimmer). Sind wir Hunde- oder Katzenmenschen? Beides! Und sicher auch Meerschweinchen- und Schildkrötenmenschen. Macht uns Gartenarbeit Spaß? Ja. Aber deswegen aufs Land ziehen? Eher nein.

Beruhigend ist, dass wir uns, auch wenn die Parameter nicht immer perfekt stimmen, eigentlich überall ein glückliches Leben vorstellen können. Natürlich ist das leicht gesagt, wenn die Auswahl Paris oder Barcelona heißt. Aber sollte einer von uns einen Job in einer mexikanischen Stadt oder einem schwedischen Dorf angeboten bekommen, wäre die Beziehung dadurch auch nicht gleich in Gefahr. Abgesehen von den anfänglichen Reibungsverlusten leben wir uns immer gut ein. Auch weil das gemeinsame Entdecken uns zusammenschweißt. Zum Beispiel unsere Laufrunden. Zu Hause joggen wir zwei- bis dreimal in der Woche. Wenn wir tauschen, auch.

unsere Staubsauger meist am Boden rollernd und bollernd hinter uns herziehen, während Amerikaner fast immer sogenannte Bürstsauger verwenden, die senkrecht konstruiert sind und ungefähr eine Tonne wiegen.

Und auf sieben bis zehn Kilometer Strecke gibt es eine ganze Menge zu sehen.

In Oakland führte unsere Runde um den Lake Merritt, einen Salzwassersee mit kleinen Inseln, auf denen silberne Reiher nisten. Wenn die Sonne untergeht, wird in den am Ufer geparkten Autos heftig gekifft – und die Rauchwolken, die aus den geöffneten Autofenstern wabern, sorgen für eine ganz andere Art von Runner's High. In Stockholm joggten wir entlang der Villen am Strandvägen und über verwunschene kleine Inseln aus Granitfelsen. Manchmal auch durch den Wald. Da kamen wir wegen der reifen Heidelbeeren aber nur mittelgut voran. Auch auf dem schnurgeraden Passeig Marítim, Barcelonas Catwalk am Meer, trabten wir in der Abendsonne – aber nur mit eingezogenem Bauch. Auf der Strandpromenade mit ihren Bodybuildern und Catcallern bleibt niemand unbeobachtet. In Perth trieb die Sonne die Temperaturen an manchen Tagen über die Vierzig-Grad-Marke. Laufen nur für Lebensmüde! Also packten wir die Badesachen in den Jaguar und fuhren ins nächste Schwimmbad. Mit neonfarbenen Sunblockern bemalt wie Pool-Schamanen zogen wir im kühlen Wasser unsere Bahnen. Christoph machte das Bahnenschwimmen so viel Spaß, dass er zurück in Berlin dabeiblieb und nun regelmäßig ins städtische Hallenbad pilgert. Nicht ganz so mondän wie die australischen Pools, aber man muss nun mal mit dem arbeiten, was zur Verfügung steht. Durch den Haustausch hat er jedenfalls ein ganz neues Hobby gefunden.

So werden wir zu Entdeckern: der neuen Umgebung und unserer selbst. Und was wir entdecken, gefällt uns fast immer. In einem 1975 veröffentlichten Essay schrieb der US-Autor Walker Percy: »Jeder Entdecker nennt seine Insel Formosa: schön. Sie ist schön, weil er der Erste ist. Er kann sie betreten und sie so sehen, wie sie wirklich ist. Für niemand anderes wird sie jemals so schön sein – mit Ausnahme vielleicht für denjenigen, dem es gelingt, sie wiederzuentdecken. Der weiß, dass sie wiederentdeckt werden muss.«

Auf dem Esstisch in Perth lag eine stattliche schwarze Ledermappe, in der Alfie und Victoria seitenweise Ratschläge für uns abgeheftet hatten. Neben Infos zum Auto (»tankt unverbleiten Kraftstoff mit 95 Oktan«) und dem Gärtner (»ein netter Kerl, aber etwas schweigsam, wenn es um die Arbeit geht«) fanden sich auch Tipps für Restaurants, Delikatessenläden und den besten Spirituosenshop in der Nähe. Die meisten Haustauscher legen so eine Sammlung für ihre Gäste bereit (siehe Kapitel »Bedienungsanleitung für unsere Wohnung«). Diese Mappen sind die Landkarte von Formosa, dieser Insel, die überall sein kann und die wir auf den Spuren unserer Gastgeber betreten. Ihren Ratschlägen zu folgen haben wir noch nie bereut.

Auf Alfies und Victorias Empfehlung hin saßen wir eines Abends zum Beispiel in einem Outdoor-Kino im James Mitchell Park. Es war direkt am Ufer des malerischen Swan River aufgebaut, die Luft wurde abends kühl. Eingepackt in Decken kuschelten wir uns in die Sitzsäcke. Über die Leinwand tobten Eddie Redmayne und seine »Phantastischen Tierwesen«. Über uns flatterten erst johlende Schwärme weißer Kakadus, dann, mit zunehmender Dunkelheit, riesige Fledermäuse. Unsere Gastgeber hätten für so einen Kinoabend vermutlich den großen Picknickkorb gepackt, der im Wandschrank steht. Und vielleicht die Campingstühle ins Auto geladen – so ein Sitzsack ist nur in der ersten halben Stunde bequem. Aus dem Augenwinkel sah ich sie sogar für einen Moment neben uns sitzen. Aber das war wohl nur die Wirkung des in Pappbechern gereichten Shiraz.

In Princeton landeten wir dank Anne und James in deren Stammpizzeria. Auf den ersten Blick hatte diese so viel Charme wie eine Mensa: Plastiktischdecken, Cola aus Pappbechern, American Football auf mehreren Fernsehern. Doch die absurd großen Pizzastücke, die auf Etageren vor uns abgestellt wurden, waren göttlich: leicht verbrannte Ränder, dicke Käseschicht, frischer Basilikum. Mir ist dieser Abend nicht nur wegen der Pizza in Erinnerung geblieben. Es war die familiäre Atmosphäre, die ihn so besonders machte: Wir waren dort keine Touristen, sondern eines der Paare aus der Nachbarschaft. Für mich als Neu-Haustauscher ein unerwarteter Moment der Zugehörigkeit.

»Touristen mögen keine Touristen«, schrieb der US-Soziologe Dean MacCannell 1976 in seiner Betrachtung des Massentourismus. Klar: Ein Sonnenuntergang fotografiert sich einfach besser, wenn nicht zwanzig andere hochgehaltene Handys im Weg sind. Aber diese Abneigung gegenüber anderen Touristen ist eigentlich ziemlich absurd: andere Menschen nervig zu finden, nur weil sie das Reisen so lieben wie man selbst. Richtig frei machen kann ich mich von dieser Haltung trotzdem nicht. Wenn ich reise, suche ich Formosa: den Ort, der noch nicht auf TripAdvisor bewertet wurde und von dem es kein Instagram-Foto gibt. Beim Haustausch ist dieser meist in Reichweite (in Oakland blühte hinter unserem Haus zum Beispiel ein Orangenbäumchen, in dessen Topf die Eichhörnchen ihre Nüsse verbuddelten – ich habe sie oft dabei überrascht, wenn ich den Müll rausbrachte). Zu wissen, dass diese Orte für die Dauer unseres Aufenthalts nur Christoph und mir gehören, tröstet mich, wenn der Haustausch mal wieder Nerven kostet. Wenn wie in Oaxaca das Internet ausfällt, mein E-Mail-Account nicht mehr zu erreichen ist und ich deshalb ein berufliches Ferngespräch für 180 Euro führen muss (ein paar Tage lang war ich überzeugt, jemand hätte mich mit einem Fluch belegt). Statt bei von Reisebüros organisierten, superauthentischen Begegnungen mit Bergvölkern, Ausfahrten mit Fischern oder Übernachtungen im Karawanenzelt hole ich mir meinen Reise-Kick beim Straßenfest mit den Nachbarn, Jaguarfahren im Linksverkehr oder Einschlafen in Hello-Kitty-Bettwäsche. Formosa!

Außerdem ist das alles gut fürs Gehirn, wie Lawrence C. Katz, Professor für Neurobiologie an der Duke University herausgefunden hat: »Es ist ein Märchen, dass die Leistung unseres Gehirns im Alter nachlässt«, erklärte der inzwischen verstorbene Forscher vor einigen Jahren in einem Interview mit der Zeitschrift *Neon*. »Gehirnzellen sterben nur bei extrem alten Menschen ab, und auch dann nicht in relevanter Zahl. Was vielmehr passiert, ist, dass diejenigen Verästelungen und Verzweigungen zwischen den Gehirnzellen, die sogenannten Dendriten, verkümmern, die nicht benutzt werden. Und wenn wir immer nur dieselben Dinge tun, befahren wir sozusagen immer nur dieselben Straßen unseres Gehirns. Die unbefahrenen Straßen verwittern irgendwann, und wir können sie nicht mehr benutzen.«

Unbefahrene Straßen? Welches Entdeckerherz kann das gut finden? Vielleicht stimmt es tatsächlich, dass ich reisend ein besserer Mensch bin. Anwesender. Bewusster (auch wenn das jetzt vielleicht ein wenig esoterisch klingt). Für die persönliche Entwicklung sei es wichtig, »rauszugehen und Dinge zu tun, die ungewohnt und fordernd sind. Dinge, die einen geistig und emotional stark stimulieren«, sagte die Gehirnforscherin Denise Park der Zeitschrift *Psychology Today*. »Solange Sie sich in ihrer Komfortzone befinden, sind Sie höchstwahrscheinlich außerhalb der Zone, in der Sie etwas dazulernen.« Park nennt sie die »enhancement zone«, die Verbesserungszone, also den Bereich, in dem das Stresslevel ein klitzekleines bisschen höher ist als sonst – gerade genug, um einen wach und schnell zu machen. Psychologen nennen diesen Zustand »optimale Angst«: Er hilft Hockeyspielerinnen, an gegnerischen Schlägern vorbei zum Tor zu spurten; lässt verliebte Männer die passenden Worte finden, während sie den Ehering aus der Tasche nesteln; und bringt Haustauscher dazu, in der richtigen Schublade nach der Taschenlampe zu suchen, wenn in der fremden Wohnung der Strom ausfällt.

Neurologen wie Katz empfehlen, sich die Zähne eine Woche lang mit der ungewohnten Hand zu putzen oder den Weg zur Arbeit zu ändern, um die Routine auszubremsen. Christoph und ich leben einfach immer mal wieder für ein paar Wochen woanders. Arbeiten an einem anderen Schreibtisch und schauen beim Schreiben auf einen anderen Ausschnitt des Himmels. Laut einer 2012 durchgeführten Untersuchung tut das unserer Arbeit gut. Die Psychologin Christine S. Lee von der University of Florida fand heraus, dass Studenten, die ein Auslandssemester absolviert hatten, bei Kreativitätstests doppelt so gut abschnitten wie ihre in der Heimat gebliebenen Kommilitonen. Zu einem ähnlichen Ergebnis kam Adam Galinsky. Der Psychologieprofessor von der Columbia Business School erforscht, was Menschen kreativ macht. Unter anderem lud er eine Jury aus Einkäufern und Experten ein, die Kollektionen von 270 Designern renommierter Modehäuser in Hinsicht auf deren kreativen Output in den vergangenen elf Jahren zu bewerten. Diese Einschätzungen verglich er mit den Auslandserfahrungen der Modemacher. Ergebnis: Wer im Ausland gelebt hatte, war dauerhaft innovativer.

Nun hat nicht jeder Arbeitnehmer die Möglichkeit zu sagen: »Chef, ich arbeite die nächsten vier Wochen in Rom. Arrivederci!« Von dem Effekt kann man aber auch im Urlaub profitieren. Denn, so Galinsky: »Jemand, der im Ausland lebt und nicht in die andere Kultur eintaucht, wird wahrscheinlich einen geringeren Entwicklungsschub erleben als jemand, der gelegentlich reist, sich dabei aber intensiv auf Land und Leute einlässt.«

Als Haustauscher kommt man um den fremden Alltag gar nicht herum: Er drängt sich einem förmlich auf. Aber auch rund ums Hotel kann man zum Entdecker werden: im Restaurant, das weder Yelp noch TripAdvisor kennen; in der Häkelgruppe, die sich jeden Mittwoch im Café an der Ecke trifft; oder an der Strandpromenade im Gespräch mit dem älteren Herrn, der allein auf einer Bank sitzt. Formosa ist überall.

Oakland: Diese Bucht ist die Wucht

Wie wir in Kalifornien Kürbisse geschnitzt, auf der Straße getanzt und eine Ersatzfamilie gefunden haben

Jessica | Oakland, USA, September 2015
Der Himmel über der Bucht von San Francisco irisiert metallisch blau – die Farbe eines 1969er-Dodge. Einstöckige rot gedeckte Ranch-Style-Familienheime wechseln sich mit erdfarbenen Pueblo-Häusern ab. Die Bäume auf den frisch gemähten Rasenflächen melden den Herbst an: camparifarbener Ahorn, scharlachrote Kräuselmyrten, gelbe Zuckerbirken. Palmen, die heimlichen Hauptdarsteller aus Curtis Hansons »L.A. Confidential« oder David Lynchs »Mulholland Drive«, werfen schnurgerade Schatten. Ein Mädchen mit dunklen Locken strampelt auf ihrem Dreirad den Gehweg entlang. Ein anderes läuft fröhlich rufend hinterher. Willkommen in Oakland: von der Bay-Brise umschmeichelte Industriehafenstadt mit 400.000 Einwohnern. Gegründet 1852 auf der sogenannten Hayward-Verwerfung und nach jedem verheerenden Erdbeben wieder aufgebaut. Geburtsort des Rappers MC Hammer, Heimat des Abenteurers Jack London, der Footballmannschaft Oakland Raiders und der Black-Panther-Bewegung.

San Francisco, das durchgeknallte Hippie-Kind unter den Städten der Bay Area, liegt in Sichtweite auf einer Landzunge gegenüber. Berkeley, die heimlich von Europa träumende Unistadt, grenzt an Oaklands Norden. Unsere Heimat für die kommenden drei Monate ist eine Stadt mit weißer Minderheit, die trotz ihrer Nähe zum Silicon Valley (theoretische Fahrzeit vierzig Minuten, realistische Fahrzeit vier Stunden – zumindest in der Rushhour) noch nicht von diesem übernommen wurde; die wegen ihrer Kriminalstatistik lange unter den fünf gefährlichsten Städten der USA rangierte und deswegen zum Schauplatz einer infamen TV-Dokumentation namens »Gang Wars« wurde.

Zum Auftakt unseres Aufenthalts fahren wir mit dem BART, dem Nahverkehrszug, zu einem Spiel der Athletics. Die A's sind Oaklands Major-League-Baseball-Team. Christoph muss mir jedes Mal, wenn wir ins Baseball-Stadion gehen, erneut die Regeln erklären. Aber ich schaue trotzdem gerne zu. Baseball ist der Kavalier unter den Sportarten: kultiviert, hellwach und engagiert, ohne aggressiv zu sein. Weil die Spiele drei Stunden oder länger dauern, erinnert die Atmosphäre auf den Stadionrängen an ein Familienpicknick: Papa holt Hotdogs, Mama packt die mitgebrachten Donuts aus. Der Nachbar kommt mit ein paar Bieren vorbei, die jüngste Tochter hat noch ein Date und geht deswegen früher. Zwischendurch stehen alle auf und schmettern gemeinsam den über hundert Jahre alten Hit »Take Me Out to the Ball Game«. Eine Supersache – auch wenn so ein Tag im Stadion von den Tickets über das Eis bis zum Hotdog exorbitant viel Geld kostet.

Das Leben in der Bay Area ist auch außerhalb der Stadiontribüne teurer als zu Hause. Es kommt mir aber auch reicher vor. So, als hätten meine Tage achtzehn wache Stunden. Liegt es am Haus und seinen meterlangen Bücherregalen mit Werken von Joan Didion, Jonathan Lethem, Chimamanda Ngozi Adichie und Jennifer Egan, die alle direkt auf meine To-read-Liste wandern? An den durch das Viertel auf- und abmäandernden Straßen, die so gar nichts mit dem für amerikanische Städte typischen Reißbrettmuster zu tun haben? Und die ich ohne Ziel entlangspaziere – bereit, mich aufs Schönste zu verlaufen*? Oder liegt es an der entgegen aller warnenden Berichte fröhlichen Grundstimmung (»Toller Pulli!«, ruft mir eine junge Frau aus dem Auto zu, als ich an der Ampel stehe; »Klasse Pizza!«, kommentiert ein Herr den Karton der Arizmendi Bakery, in dem Christoph unser Mittagessen nach Hause trägt)? An den von Freiwilligen zu üppiger Blüte gepflegten Rosen im Morcom Rose Garden? An unserer Tauschkatze Olivia, die sich schnell an uns gewöhnt und ein zufriedenes »Miek« von sich gibt, wenn ich sie auf den Arm nehme? Oder an der herrlich warmen Herbstsonne?

Oakland gilt als eine der facettenreichsten Städte der USA. Und nicht von ungefähr: Auf dem Wochenmarkt verkauft eine rothaarige Ökobäuerin lila Blumenkohl und gelbe Tomaten, schenkt eine Frau mit Kopftuch an der Coffee Lounge das äthiopische Nationalgetränk aus, grillen die Freiwilligen der Black-Power-Bewegung Uhuru scharfe Tofusteaks und Spareribs, verfüttert ein palästinensischer Händler Hummusproben an Passanten. Im Yogastudio unterrichtet die Tochter von Achtsamkeitsguru Jon Kabat-Zinn. Ich fühle mich gleich viel gegenwärtiger. Die Tortenwunderwerke bei Timeless Coffee Roasters sind zum Reinlegen, und das Kino ist ein Filmpalast aus den Zwanzigern mit Kronleuchtern und einem Organisten mit schütterer Frisur, der vor der Vorstellung auf einer hölzernen Wurlitzer die Titelmelodie von »Star Wars« und die »Superman Overture« spielt.

Natürlich ist dieses fröhliche, esoterische, stolze Oakland, das wir erleben, nur ein Teil der Wahrheit. Lebensqualität wurde hier lange kleingeschrieben. Mehrspurige Highways zerschneiden die Wohnviertel. Darunter haben Obdachlose Dörfer aus

---

* »Verlaufen« im Sinne von John Steinbeck: lauschen, beobachten, wahrnehmen und verstehen – soweit die eigene Unzulänglichkeit das zulässt.

Kartons und Planen errichtet. Auch viele Frauen leben dort. Seit einigen Jahren geht zumindest die Zahl der Straftaten zurück. Der einst verrufene Geschäftsbezirk Uptown gilt wochentags als ziemlich sicher. Sonntags und nachts sind die weiten Straßen jedoch nahezu verwaist. Die wenigen Passanten scheinen einander misstrauisch zu beobachten. Wir sind wie immer viel zu Fuß unterwegs – ohnehin nicht die typisch amerikanische Art, sich fortzubewegen.

Kann eine Stadt tapfer sein? Oaklands Lebensfreude hat einen fast trotzigen Unterton. Während eines Dokumentarfilmabends im New Parkway Theater lernen wir etwas über die jüngere Geschichte der Stadt: die Filmemacher N'Jeri Eaton und Mario Furloni zeigen ihren Dokumentarfilm »First Friday«*. In Oakland stehen mit dem Paramount, dem Grand Lake, dem Alameda und dem Fox (wo heute nur noch Konzerte stattfinden) einige der prächtigsten Art-déco-Kinos der USA – ballsaalartige Filmpaläste, so golden wie die Ära, aus der sie stammen. Das New Parkway wirkt mit seiner Behelfsbestuhlung aus Bürostühlen und fadenscheinigen Sofas dagegen wie ein Jugendklub, in den jemand einen Projektor geschoben hat. Das Tolle: Im Eingangsbereich gibt es eine Pizzeria. Mit unserer ofenwarmen Pizza fläzen wir uns also auf ein speckiges Ledersofa und sehen uns den Film an.

Oaklands Phoenix-aus-der-Asche-Geschichte begann 2006. Damals öffneten einige Galeriebesitzer ihre Räume erstmals für eine gemeinsame Ausstellung. Sie hegten die Hoffnung, ein koordiniertes Event würde mehr Besucher in die Galerien locken. Der Friday Art Walk kam besser an als erwartet. Einmal im Monat spazierten nun abends Menschen durch das schmuddelige Viertel, die sich dort sonst nicht länger aufhielten als nötig. Die gute Stimmung in den Galerien wirkte an-

---

* Der Film ist mittlerweile auch auf Youtube zu finden.

steckend. Der Plattenladenbesitzer schob seine Plattenspieler auf den Gehweg. Restaurants stellten Stühle nach draußen. Straßenkünstler jonglierten oder tanzten. Bands machten die Straße zur Bühne. Eine Art Guerilla-Karneval-der-Kulturen. Die unautorisierte Straßenparty, nun unter dem Namen First Friday bekannt, breitete sich in Uptown und dem angrenzenden Stadtteil Koreatown Northgate aus wie ein fröhliches Fieber, das 2012 monatlich bis zu 20.000 Menschen ansteckte. Gut für die Stadt?

»Oakland wurde im selben Jahr unter die Top Fünf der besten internationalen Reiseziele gewählt, in dem es auch als eine der fünf gefährlichsten Städte des Landes genannt wurde«, eröffnet N'Jeri Eaton die Vorführung. Am 1. Februar 2013 kollidierten diese beiden Realitäten: Gegen Ende der Party zog ein Zwanzigjähriger eine Waffe und erschoss den achtzehnjährigen Kiante Campbell. Ein weiterer Junge und zwei Passantinnen wurden getroffen und mit Schusswunden ins Krankenhaus eingeliefert. Das Unglück warf Fragen auf: Wem gehört die Party, wem die Stadt? Den Initiatoren? Den langjährigen Oaklandern? Den zugezogenen Hipstern? Den Behörden? Den Gangs?

Am ersten Freitag des Monats nehmen wir den Bus zur Telegraph Avenue. Die Sonne geht gerade unter. Entlang der Straße stehen Foodtrucks. Händler verkaufen selbst gemachte Ohrringe, Zeichnungen und T-Shirts. Sprayer bearbeiten eine eigens mitgebrachte Wand. Ein DJ legt Hip-Hop auf. Die Leute – vor allem Hispanics und Schwarze – tanzen auf der Straße: Breaken, twerken, feuern sich gegenseitig an. Ich nicke mit dem Kopf zu Missy Elliott, mit den Gedanken woanders. Sind wir überhaupt eingeladen? Die Stadt spekuliert auf Besucher wie uns. Tourismus ist gut für das Image, gut für die Kasse. Damit wir uns sicher fühlen, gehen aber mehr Polizisten Streife, werden die Bedingungen für den First Friday verschärft – Party unter Hausarrest. »Der Tourist zerstört, was er sucht, indem er es findet«, schrieb Hans Magnus Enzensberger einmal.

Doch auch ganz ohne uns wird der First Friday langsam zum Problem. In der Bay Area sind die Wohnungspreise durch den Boom der dort ansässigen Internetkonzerne außer Kontrolle. Eine Zweizimmerwohnung kostet im Schnitt über 3000 Dollar. Wegen seines schlechten Rufs blieb Oakland davon lange unberührt. Seit in Uptown regelmäßig Straßenfest ist und die Stadt als immer sicherer gilt, wollen jedoch auch mehr Menschen hier wohnen – eine unerwünschte Nebenwirkung. Nervt die Einheimischen das nicht? Eine Mittzwanzigerin in lila Lederhotpants, die eben noch zu Jay Z gebounct ist, drängt sich tanzend durch die Menge. Ihr Kopf ist rasiert, die Ohrringe wippen. Unsere Blicke treffen sich. Sie grinst. Ich muss lachen. Sie zeigt auf mich: »Das ist mein Mädchen!« Dann ist sie davongetanzt. Die First-Friday-Einladung schließt uns wohl doch mit ein. Zum Glück! Ich habe Oakland ins Herz geschlossen. Oder wie man hier sagt: I hella ♥ Oakland!

Die nächste Party steht schon vor der Tür: Halloween! Dank Filmen von John Carpenter (»Halloween«) und Tim Burton (»Nightmare Before Christmas«) weiß ich ungefähr, worum es geht – GRUSEL! –, aber ich durfte noch nie so richtig mitfeiern. In Berlin sieht man nur wenige kleine Geister durch die Straßen ziehen, und in den vierten Stock verirren diese sich so gut wie nie. Hier haben fast alle Nachbarn ihre Häuser geschmückt: Gegenüber streckt ein Skelett seinen Kopf aus dem Rasen. Nebenan hängen künstliche Spinnweben von Treppe und Baumoleander. Ganz ohne Deko geht's bei uns natürlich auch nicht.

»Schnitzen wir Kürbisse?«

Christoph nickt. »Wollte ich schon immer mal machen!«

Im Supermarkt laden wir medizinballgroße Kürbisse und einen Waschkorb voll Süßigkeiten in den Einkaufswagen. Meine Idee, Kekse für die hoffentlich klingelnden Kinder zu backen, hatte Karen mir ausgeredet: »Die bekommen von ihren Eltern eingeschärft, nur Abgepacktes zu nehmen.«

Auf dem Weg zur Kasse, bleibe ich am Ständer mit den Kostümen stehen. »Es gibt nur noch rosa Schweineoveralls und sexy Hexen«, beschwere ich mich bei meinem Mann. Besser nicht. Am Ende erzählen die Kinder ihren Eltern, »das deutsche Schwein« hätte die Tür geöffnet.

Kürbisse schnitzen ist einfacher als gedacht. Christoph kreiert für Olivia sogar einen Ehrenkürbis mit Katzenmotiv. Unsere Kunstwerke platzieren wir einladend von Kerzen beleuchtet in der Einfahrt.

Am frühen Abend ist vor der Tür fröhliches Quieken und Lachen zu hören. Kleine Superhelden, Ballerinas, Tiger und Mumien toben durch die Straße. Die Eltern stehen mit Drinks in der Hand auf dem Rasen und beobachten ihre Mini-Schrecks. Karen hatte uns vorgewarnt: »Unsere Straße ist für das Trick-or-Treating an Halloween extrem beliebt. Die Leute kommen von überall her.« Wenn wir keine Süßigkeiten verteilen wollten, sollten wir das Haus einfach dunkel lassen, dann würde auch niemand klingeln. Aber natürlich wollen wir – und haben das Haus so festlich erleuchtet wie Egons Lampenladen.

»Vielleicht sieht man das Licht von der Straße aus nicht?« Ich schaue besorgt aus dem Fenster. »Was, wenn keiner klingelt?«

Christoph grinst. »Gestern warst du noch in Sorge, dass die Süßigkeiten nicht reichen.«

»Weil du alle *Peanut Butter Cups* aufgegessen hast!«

Endlich klingelt es. Vor der Tür steht ein skeptischer kleiner Zombie. »Trick or treat?«, fragt er schüchtern.

Vermutlich ein Nachbarskind, das mit Karen und Richard gerechnet hatte. Ich reiche ihm eine Handvoll Schokoriegel, Karens Warnung im Ohr: »Lasst sie nicht selbst in die Schale greifen, sonst seid ihr nach der ersten Viertelstunde alles los«.

»Danke sehr!« Und schon flitzt der Zombie davon.

Sein Erfolg hat den anderen Kindern Mut gemacht: »Trick or treat! Trick or treat!« – gegen 22 Uhr ist der Spuk vorbei. Nur die Kürbislaternen glimmen noch gespenstisch.

»Trick or treat?«, fragt Christoph, einen übrig gebliebenen Marsriegel kauend.

»Drink!«, fordere ich.

Wir setzen uns die Masken auf, die wir als spärlichen Kostümersatz im Internet bestellt haben – Hund und Hase –, und schlendern zur Rocker-Bar an der Ecke. Entgegen unserer Erwartungen sind wir die einzigen maskierten Erwachsenen auf der Straße. Wir dachten, die ganze Stadt würde an diesem Abend verkleidet ausgehen, so wie beim deutschen Karneval. Aber das ziehen wir jetzt durch. Eine Gruppe Jugendlicher kommt uns entgegen. Sie starren uns an. Ich wappne mich für einen blöden Spruch.

»Hast du das gesehen?«, raunt einer im Vorbeigehen mit Blick auf meine Hasenmaske: »Donnie Darko! Wie cool!«

Sehe ich wirklich so gruselig aus wie der Hase aus dem Kultfilm? Andererseits: Wann bekommt man von Jugendlichen schon mal Lob für sein Outfit? »Weißt du«, sage ich zu Christoph, »Halloween ist der beste Feiertag ever.«

Auf Halloween folgt der Tag, der für US-Amerikaner so wichtig ist wie für Deutsche Weihnachten und Ostern zusammen: Thanksgiving. An Thanksgiving fährt jeder gute Amerikaner nach Hause zur Familie – egal, wie weit weg das ist. Geschäfte und Restaurants schließen. Und weil in den USA ein ungeschriebenes Gesetz gilt, dass niemand an diesem Tag allein sein soll, hat uns Cyrus zu sich eingeladen: ein Oaklander Technikjournalist, mit dem Christoph sich ein paarmal getroffen hat, seit wir hier sind.

»Ich bin für euch das, was Familie am nächsten kommt«, hat er all unsere höflichen Einwände gut gelaunt abmoderiert. Nach unserer letzten Thanksgiving-Erfahrung sind wir ihm für die Einladung sehr dankbar. Damals waren wir in Los Angeles und nicht richtig darauf vorbereitet, dass sich das ganze Land für einen Tag abmelden würde. In der Hoffnung auf ein wenig festliche Stimmung meldeten wir uns für das spezielle Thanksgiving-Menü im Hotelrestaurant an. Eine traurige Veranstaltung. Außer uns kämpfte sich noch eine vierköpfige Familie in dem ansonsten völlig verwaisten Raum durch die Essensberge, die der Kellner heranschleppte. Wenn der nicht gerade einen Teller vor uns abstellte, schielte er heimlich zur Uhr. Irgendwo wartete scheinbar eine Familie auf ihn. Der Truthahn war die Wucht – auch mengenmäßig. Wir mussten nach dem zweiten Gang kapitulieren – da war noch nicht mal die Hälfte des Futterinfernos geschafft.

Nun wartet also ein klassisches amerikanisches Thanksgiving auf uns, inklusive Truthahn und großer Familie.

»Hier steht, jeder bringt etwas zu essen mit. Zum Beispiel eine Beilage.« Ich sehe von dem Blogeintrag »How-to-Thanksgiving« hoch. »Und als Gastgeschenk am besten etwas fürs Frühstück.«

Wir einigen uns darauf, unsere Gastgeber mit deutscher Heimatkost zu überraschen: schwäbischen Seelen und Obatzdem.

»Cyrus hat sogar mal zwei Jahre für die Deutsche Welle gearbeitet«, erzählt mir Christoph, während ich den Käse für den Obatzden zermansche. »Allerdings in Bonn. Ob er und Rebecca dort mal bayrisch gegessen haben, weiß ich nicht.«

Am frühen Thanksgiving-Nachmittag stehen wir vor dem einstöckigen Holzhaus von Cyrus und seiner Familie.

»Kommt rein, kommt rein!«, begrüßt er uns herzlich. Ich mag den knuffigen Mittdreißiger mit schwarzem Dreitagebart und Brille sofort.

Drinnen warten: Cyrus' Tante, eine weit gereiste Intellektuelle, mit Cyrus' schüchterner Tochter auf dem Schoß; sein Freund Sarmad, ein iranischer Flüchtling, der in den USA erst eine Journalistenausbildung absolvierte und inzwischen als Arabischlehrer bei der US-Armee arbeitet; Cyrus' Opa, über neunzig, aber hellwach; und eine schwarze Katze, die mit ihrem massigen Körper fast das ganze Sofa einnimmt – und nur höchst ungern bereit ist, es zu teilen. In der Küche hantiert Rebecca, Cyrus' Frau, mit Auflaufformen und Gemüsetöpfen. Im Garten stehen Cyrus' Schwester und sein schnauzbärtiger Onkel am Grill. Mit verschwörerischem Blick öffnen sie die Klappe: Auf dem Rost schmurgelt ein Truthahn in der Größe eines Dreirads.

Da das Riesenbiest einige Stunden braucht, bis es gar ist, haben wir Zeit, alle kennenzulernen. Cyrus gibt Anekdoten aus seinen diversen Interviews mit den Gründervätern des Internets zum Besten, und seine Frau Rebecca berichtet über ihre Arbeit mit lernbehinderten Kindern und Jugendlichen. Wir erfahren, wie Sarmad in die USA kam und dass er sich gerade sein erstes Auto kaufen will. Hören den Geschichten zu, die Cyrus' Großvater im Zweiten Weltkrieg an Bord des Kriegsschiffes USS Washington erlebt hat. Und erfahren, was Cyrus und Rebecca von ihren Jahren in Deutschland im Gedächtnis geblieben ist: »Ich habe eines gelernt: Deutsche sind verrückt nach Mineralwasser!«, sagt Cyrus lachend. »Sie haben das wahrscheinlich beste Leitungswasser der Welt und tragen trotzdem alle kistenweise Flaschen mit sprudelndem Wasser aus irgendwelchen Heilquellen nach Hause. Und wenn man sie fragt, warum, sagen sie allen Ernstes ›Wegen der Mineralien!‹. Das fand ich lustig.«

Cyrus' Familie lacht gerne und fragt viel. Wir müssen alles über unser Kennenlernen, unsere Familien, die bisherigen Tauscherfahrungen und unsere Erlebnisse in der Bay Area erzählen. Auch unser Beitrag zum Essen kommt gut an. Seelen und Obatzda passen gerade noch so auf den Esstisch. Alle haben mehr mitgebracht als nötig. Schüsseln werden herumgereicht und jedes Gericht mit »Ah!« und »Hmmmm!« kommentiert.

»Esst bloß nicht alles auf!«, witzelt Cyrus. »Das Beste an Thanksgiving ist das Resteessen am nächsten Tag.«

Sich in der Fremde für einen Nachmittag als Teil einer Familie fühlen zu dürfen – für uns ist das ein großes Geschenk. Wir wollen dieses schöne Gefühl weitergeben und auch jemanden beschenken. Während unserer Joggingrunden um den Lake Merritt ist uns eine mexikanisch aussehende Frau um die vierzig aufgefallen, die dort mit einem jungen Mann campt. (»Wenigstens ist sie nicht ganz schutzlos«, sage ich zu Christoph.) Die beiden halten Distanz: sowohl zu den Fußgängern als auch zu den anderen Obdachlosen, von denen einige am See leben. Wir wollen die Frau überraschen, ihr eine kleine Freude machen. Deshalb haben wir eine große Packung Kekse gekauft und etwas Geld hineingesteckt. Als wir nach dem Essen in der Dämmerung am See entlanggehen, sitzen die beiden wie immer eingepackt in Decken auf einem Rasenstück in der Nähe einer öffentlichen Toilette. Als sie sieht, wie wir den Weg verlassen und auf sie zukommen, steht die Frau alarmiert auf und kommt uns entgegen.

»Hier, für Sie.« Christoph hält ihr die Schachtel hin.

Sie strahlt: »Da wird sich mein Sohn aber freuen.« Der junge Mann ist aufgestanden und zögerlich herangetreten. Erst jetzt sehe ich, dass er behindert ist. Noch schutzbedürftiger als seine Mutter.

»Für Sie ist auch noch etwas in der Schachtel.« Sie versteht sofort und drückt uns die Hände.

Sich an dem freuen, was man hat, und es gerne mit ande-ren teilen – das ist die Grundlage jedes Haustauschs. Aber auch der Geist des Feiertags, den wir in Deutschland Ernte-dankfest nennen. In diesem Sinne: Happy Thanksgiving!

▶ Tipps für Oakland

- Die Straßenparty First Friday findet an jedem ersten Frei-tag im Monat statt – wie der Name sagt. Auf der Telegraph Avenue zwischen W. Grand Avenue und 27th Street gibt es zwischen siebzehn und 21.30 Uhr Essen, Musik, Kunst und Show.
- Der Lake Merritt, der große Salzwassersee in der Stadt, ist das älteste Naturschutzgebiet der USA und – nicht ganz ernst zu nehmenden – Augenzeugen zufolge Heimat des Ungeheuers von Oak-ness, das seit den Vierzigerjahren im-mer wieder gesichtet wird.
- Das Fairyland, ein quietschbunter kleiner Park für Kinder am Ufer des Sees, brachte Walt Disney auf die Idee, selbst einen Vergnügungspark zu eröffnen. Nur um einiges grö-ßer.
- Ebenfalls vom Fairyland inspirieren ließen sich die Besitzer des Bier- und Burgerladens Telegraph: Zu ihrem Lokal ge-hört auch ein urbaner kleiner Biergarten, das Beeryland.
- Früher waren in den niedrigen Bauten der Temescal Alley Pferdeställe untergebracht. Heute ist die Gasse eine win-zige Fußgängerzone mit Barbershop, Cafés, Secondhand-läden und Schmuckgeschäften.
- Heinold's First and Last Chance ist ein erdbebenschiefer Holzsaloon, in dem schon Jack London sein Bier trank. Der Name der 1883 eröffneten Kneipe spielt auf die Zeit an, in der die Matrosen dort einkehrten.

- Es gibt keine bessere Pizza als die der Arizmendi Bakery. Wahrscheinlich gibt es auch nirgendwo besseres Brot. Für wen das nicht Grund genug für einen Besuch ist: Die Bäckerei ist eine Kooperative, gehört den dort um die Öfen wirbelnden Mitarbeitern.
- Das Oakland Museum of California (OMCA) vereint alle Aspekte des kalifornischen Lebens unter seinem luftigen Dach. Die Geschichte der Black Panther, die kalifornische Natur oder Streetwear bestimmen die wechselnden Ausstellungen.
- Augen offen halten. Irgendein gut gelaunter Maler verschönert Oakland mit Wichteln. Die gartenzwergartigen Gestalten sind an Mauern und Hauswänden zu finden.
- Die Louisiana-Küche, mit der Tamearra Dyson aufgewachsen ist, besteht normalerweise aus viel Fett und Fleisch. In ihrem mit Familienfotos dekorierten Restaurant Souley Vegan kommen ebenfalls deftige *Gumbos*, *Black Eyed Peas* und *Biscuits with Gravy* auf den Tisch – aber komplett pflanzlich.
- Nichts für die Augen, aber *oh so good*: Was dem chinesischen Restaurant Shandong an charmanter Einrichtung fehlt, machen die Köche mit den *Dumplings* und Nudelgerichten wett. Nicht genieren, wenn die Nudeln nicht auf den Stäbchen bleiben wollen. Die vorwiegend chinesischen Gäste sehen diskret darüber hinweg.
- Die Alameda Point Antiques Faire gehört wohl zu den bekanntesten Flohmärkten der Welt. Bekannt deshalb, weil der Markt mit seinen über 400 Händlern schon oft in Kinofilmen und Serien zu sehen war. Wer ein Hawaii-Hemd aus den Fünfzigern sucht, ein Mid-Century-Modern-Sofa oder eine Levi's 501 aus den Siebzigern – hier wird man fündig.

Katze gießen, Orchideen füttern

Mit dem Wohnungsschlüssel übernimmt man auch
Verantwortung

Christoph | Oakland, USA, September 2015
Wer hätte es gedacht, dass ich mich einmal freuen würde, morgens um sechs von einer maunzenden Katze geweckt zu werden? Ich nehme Olivia, die ausdauernd vor unserer Schlafzimmertür lärmt, auf den Arm und trage sie nach unten in die amerikanisch-geräumige Küche. Katzenfutter für sie, eine Tasse Filterkaffee für mich. Ich trinke ihn auf der Terrasse, über mir wiegen sich Palmen im Wind. Die San Francisco Bay Area erwacht langsam. Ich bin normalerweise alles andere als ein Frühaufsteher. Hier liebe ich jeden Morgen.

Nach einer Weile kommt Olivia zu mir herausgeschlichen. Schärft sich an einem gusseisernen Fußabtreter die Krallen. Sie ist ein hageres kleines Wesen und schon im höchsten Katzenrentenalter. Das braun-graue Fell wird langsam dünn, und Olivia sieht und hört so gut wie nichts mehr. Eher tastend bewegt sie sich durch das Erdgeschoss des Hauses. Die Route zwischen Schlafplatz, Katzenklo, Fressnapf und unserer Schlafzimmertür hat sie sich jedoch offenbar gut eingeprägt. Denn diese findet sie auch im Blindflug. Karen und Richard hatten ursprünglich zwei sehr alte Katzen, doch Puck ist Anfang des Jahres verstorben. Nun leistet uns nur noch Olivia Gesellschaft – oder »Mickelchen«, wie Jessica sie getauft hat. Denn statt zu miauen, gibt Olivia meist nur ein kurzes »Miek!« von sich, zum Beispiel wenn sie mal wieder gegen einen der Sessel gelaufen ist. Andere Spitznamen, die wir ihr im Lauf unseres Aufenthaltes geben:

- »Klingelchen«, wegen des kleinen Glöckchens, das sie um den Hals trägt und das sie ankündigt, wenn sie ins Wohnzimmer oder in die Küche kommt.
- »Cricket«, wegen des anderen Lauts, den sie macht, wenn man sie hochhebt. Da sie uns weder kommen sieht noch hört, erschrickt sie sich leicht. Ihr »Crick« heißt so viel wie: »Ach, ihr seid's!« Jessica findet irgendwann heraus, dass sie sich nicht erschrickt, wenn man das Hochheben ankündigt, indem man vorher vorsichtig in ihren Katzennacken pustet.
- »Senior catizen«, nach dem amerikanischen Begriff für Rentner: *senior citizen.*
- »Kleines Paket«, denn genau so sieht sie aus, wenn sie sich auf der Couch oder vor dem Lüftungsgitter, aus dem warme Luft strömt, zusammenrollt.

Falls es durch die Fülle an Spitznamen noch nicht deutlich geworden ist: Olivia ist uns sehr schnell ans Herz gewachsen. Wenn wir abends im Wohnzimmer sitzen und »Mad Men« oder »House of Cards« gucken, wird ausgeknobelt, wer sich das kleine warme, schnurrende Paket auf den Bauch legen darf. Und selbst als sie nach der Zeitumstellung eine Zeit lang statt um sechs Uhr bereits um fünf Uhr morgens vor unserer Schlafzimmertür Radau macht, kann ich ihr nicht böse sein. Ich verzichte dann jedoch meistens auf meinen Morgenkaffee und warte ab, bis sie fertig gegessen hat. Anschließend lege ich mich mit dem nach Thunfisch oder Hühnerfrikassee riechenden Fellknäuel auf die Couch im Wohnzimmer und schlafe noch eine Stunde weiter.

Karen und Richard hatten mehrfach betont, dass wir Olivia auch jederzeit bei Karens Mutter oder befreundeten Nachbarn abgeben könnten. Aber wir mögen das Leben mit der alternden Katzendame und wollen sie eigentlich um keinen Preis wieder hergeben.

Olivia ist ein gutes Beispiel dafür, dass mit einem Haustausch auch eine gewisse Verantwortung einhergeht. Ein Haustier ist dabei sicherlich eine der gewichtigeren Pflichten. Aber auch einen Garten verwahrlosen zu lassen verschafft einem keinen Platz im Haustauscher-Himmel: Im amerikanischen Princeton und im australischen Perth griffen Jessica und ich deshalb regelmäßig zum Gartenschlauch. Manchmal sind es auch bürokratische Dinge, bei denen die Tauschpartner Hilfe brauchen. Als wir in Barcelona waren, meldete sich unsere Tauschfamilie aus Berlin: Die Einschulung ihres kleinen Sohnes stand an. Unglücklicherweise wollte das spanische Amt nun eine bestimmte Bescheinigung haben – dringend und fristgerecht! Ob wir die hinschicken könnten? Telefonisch lotsten sie Jessica zum richtigen Aktenordner. Wir scannten das Dokument mit dem Smartphone ein und faxten es an die Behörde. Hätte man die Urkunde persönlich irgendwo in Barcelona vorbeibringen müssen, hätten wir natürlich auch das gemacht.

Die Tauschpartner in solchen kleinen Notfällen, so gut es geht, zu unterstützen, ist nicht nur eine Selbstverständlichkeit, sondern baut in den meisten Fällen auch Vertrauen auf. Interessanterweise auch bei einem selbst. Weil man sich vorstellt, man wäre selbst in einer ähnlichen Notlage – und beruhigt feststellt, dass sich auch vertrackte Probleme aus der Ferne lösen lassen, wenn man sich auf die Hilfe der Tauschpartner verlassen kann. Und nicht zuletzt lernt man sich durch solche gemeinsam gemeisterten Miniprüfungen auch ein wenig besser kennen.

Auch Olivia bringt uns und unsere Tauschpartner Karen und Richard näher zusammen – wenn auch leider auf eine traurige Art: Sie will nicht mehr fressen. Wir kennen sie nur mager, und ihre Mahlzeiten waren von Anfang an eher spärlich. Aber nun rührt sie das Trockenfutter, das ihr permanent zur Verfügung steht, gar nicht mehr an. Und beim Dosenfutter müssen wir immer wieder verschiedene Sorten auftischen, bis sie sich schließlich erbarmt und ein paar Teelöffel voll aus der Schlüssel nascht. Wir verständigen Karen und Richard, und diese verweisen uns an Olivias Tierarzt: »Wir haben meine Kreditkartendaten und eine Vollmacht hinterlegt«, sagt Karen. »Er weiß, dass ihr auf sie aufpasst.«

Der freundliche Mittfünfziger in der Tierklinik diagnostiziert Nierenprobleme. »In Olivias Alter ist das nichts Ungewöhnliches«, sagt er. »Leider kann man kaum etwas dagegen tun.«

Er streicht Olivias Trockenfutter und verordnet ihr spezielle nierenschonende Kost. Früher hätte ich gedacht, »Futter ist Futter«, und mich heimlich über Tierbesitzer amüsiert, die Unsummen für ihre Lieblinge ausgeben. Aber das war vor Olivia. Nun stehe ich in der Tierbedarfshandlung und werfe Dosen mit nierenschonendem Spezialfutter in allen nur erdenklichen Geschmacksrichtungen in den Einkaufswagen. Ob sie Süßkartoffel mit Seelachs mag? Oder lieber Ente und Spinat? Egal, lass uns einfach alles in den Wagen stapeln und unser Glück versuchen. Wir informieren Karen und Richard über die Diagnose des Arztes.

»Wir haben ehrlich gesagt damit gerechnet, dass sie noch vor unserem Tausch stirbt. Es ist wahnsinnig nett, dass ihr euch so rührend kümmert«, sagt die gefasste Karen am Telefon.

Zwei Wochen lang sieht es aus, als würde es Olivia besser gehen. Sie ist nach wie vor wählerisch, was das Essen betrifft.

Aber immerhin frisst sie. Damit sie genügend trinkt, deponieren wir zusätzliche Wasserschalen an ihren Lieblingsplätzen. Eine Zeit lang reden wir uns ein, dass sie ein wenig an Gewicht zugenommen hat.

Wenn man im Haus anderer Leute wohnt, gibt es einige ungeschriebene Regeln: Wühle nicht in den privaten Dingen (siehe Kapitel »Nachttischschubladen und Browser-Historie«); feiere keine rauschenden Partys, bei denen sich die Gäste von Deckenlampe zu Deckenlampe schwingen und Graffiti auf der Tapete anbringen; und vor allem: Übergib die Haustiere, die du beaufsichtigst, wieder lebendig an ihre Besitzer. Immerhin das mit den privaten Dingen und den Deckenlampen haben wir hinbekommen. Das mit Olivia leider nicht.

»Katzen kotzen manchmal«, hatte uns Richard beruhigt, als er uns die Instruktionen in Sachen Katzenpflege schickte. »Das ist nicht unbedingt etwas Schlimmes.«

Was mit Olivia gerade passiert, ist jedoch sehr schlimm. Wieder und wieder erbricht sie sich. Der kleine Katzenkörper zittert. Schließlich versteckt sie sich in der hintersten Ecke des Kellers, den sie, seit wir sie kennen, noch nie betreten hat. Es ist Sonntag und der Tierarzt nicht verfügbar. Wir sprechen mit Karen und Richard darüber, was zu tun ist.

»Wartet noch einen Tag ab und bringt sie am Montag zum Arzt, wenn es nicht besser ist«, sagen die beiden. Es werden lange Stunden. Am Montagmorgen stecken wir Olivia in den Tragekäfig. Bisher ging das nur mit Fauchen und Winden. Sobald sie den Korb sah, schien sie plötzlich acht Pfoten zu besitzen, mit denen sie sich gegen den Transport sträubte. Doch nun lässt sie sich gottergeben durch die kleine Käfigluke schieben. Es bricht uns das Herz, sie so zu sehen.

»Ich muss sie hierbehalten«, sagt der Tierarzt. »Wir führen einige Bluttests und andere Untersuchungen durch.«

Jessica und ich fahren schweigend nach Hause. Nachmittags ruft der Tierarzt an. Nierenversagen. Nichts mehr zu machen. »Sie beide trifft keine Schuld«, beruhigt er uns. »Sie ist einfach schon sehr, sehr alt.« Falls die Besitzer sie noch einmal sehen wollten, könne er sie noch die eine Woche bis zu deren Rückkehr mit Infusionen am Leben erhalten. Das wollen Karen und Richard aber auf keinen Fall.

»Sie soll nicht unnötig leiden«, sagt Karen am Telefon. Abends geben sie dem Tierarzt das Okay, Olivia einzuschläfern.

Es ist ein nebeliger Dezembermorgen, als Jessica und ich ins Auto steigen und zur Tierarztpraxis fahren. Der Winter ist nun auch in Kalifornien angekommen. Wir werden in ein Behandlungszimmer gebeten. Dort warten wir, bis die Schwester Olivia bringt. Unsere Katzenmitbewohnerin wirkt noch zerbrechlicher als sonst. Einer ihrer kleinen Katzenarme ist vom Fell befreit, und eine Kanüle ist mit Klebeband daran fixiert. Der Tierarzt kommt herein, schüttelt uns die Hand. Wir streicheln Olivia und halten sie vorsichtig fest, während er ihr eine Injektion verabreicht. Augenblicklich erschlafft der kleine Katzenkörper, und ich begreife, woher der Ausdruck »sein Leben aushauchen« kommt. Wir stehen eine Weile benommen da, halten und streicheln sie noch immer. Ich hatte in meinem ganzen Leben noch nie ein Haustier und habe nun binnen eines knappen Vierteljahrs einmal den kompletten Kreislauf einer solchen Beziehung mitgemacht: vom anfänglichen Beobachten über das Kennenlernen und die Gewöhnung aneinander, den schönen Momenten mit dem Fellgefährten bis hin zu einer gewissen gegenseitigen Vertrautheit – und dem am Ende betrüblichen Abschied. Das, was Kinder mit Hase Hoppsi oder Terrier Schnäuzkes normalerweise über einen Zeitraum von mehreren Jahren hinweg erleben, habe ich mir auf meine alten Tage in einem Crashkurs angeeignet.

Zum Glück kann Olivia beim Tierarzt bleiben, und wir müssen nicht hinter dem Haus im ertauschten Garten ein kleines Loch ausheben. Nachdem wir uns vom sehr freundlichen und verständnisvollen Personal der Tierarztpraxis verabschiedet haben, fahren Jessica und ich auf den nahe gelegenen Mountain View Cemetery. Auf der riesigen Anlage mit Blick über die San Francisco Bay nehmen wir gedanklich Abschied von unserem kleinen Mickelchen. Die Tränen kommen erst, als wir wieder zu Hause sind und ihre Decken und Futterschalen wegräumen.

Natürlich machen wir uns auch große Vorwürfe. Haben wir doch etwas falsch gemacht? Hätte jemand mit mehr Katzenerfahrung besser auf die alte vierbeinige Dame aufpassen können? Die Krankheitssymptome früher erkannt? Unsere Tauschpartner versuchen, uns all diese Bedenken zu nehmen. »Wir hatten nicht damit gerechnet, sie noch einmal wiederzusehen«, erinnert uns Richard mit belegter Stimme am Telefon.

Wir haben ein schlechtes Gewissen, weil die Katze tot ist, sie haben ein schlechtes Gewissen, weil sie uns ein altersschwaches Haustier überlassen haben. Beides unnötig, wie jede Seite der jeweils anderen versichert. Am Ende hat uns die gemeinsame Sorge um Olivia näher mit unseren Tauschpartnern zusammengebracht – wir sind heute noch in regelmäßigem Kontakt. Beim nächsten Tausch mit Haustierbegleitung werden Jessica und ich aber auf ein gewisses Höchstalter achten.

Paris: Die (ganze) Stadt ist am Meer

Wie wir in Paris ohne Selfiestick unterwegs waren,
die Stadt von oben bestaunten und lernten,
wie man Altglas auf Französisch entsorgt

Christoph | Paris, Frankreich, August 2016
Im Wohnzimmer steht ein Flügel, darauf ein paar Familienfotos. Keine aktuellen, sondern ältere, grobkörnig und in
Schwarz-Weiß. Junge Männer und Frauen, vermutlich in den
Sechzigerjahren. Die Großeltern unserer Tauschpartnerin?
Der Fernseher ist winzig, die Bücherregale erscheinen dafür
riesig. Am Kühlschrank haften Magneten mit Witzen über
Psychotherapeuten. Ein Beispiel: »Wie viele Psychotherapeuten braucht man, um eine Glühbirne zu wechseln? Nur einen,
vorausgesetzt, die Glühbirne ist emotional wirklich bereit für
den Wechsel.«

Das Mobiliar ist stilsicher auf Flohmärkten zusammen-
gekauft. Oder in Läden, die jene Art von Design-Klassikern
führen, von denen nicht jeder Banause (so wie ich) weiß, dass
sie Design-Klassiker sind. In der Küche eine Kaffeetasse mit
Davidstern und eine mit hebräischer Aufschrift. Auf dem Regal
im Flur sind Globen aufgereiht: manche beinahe antik, andere
eher Kinderspielzeug. In die Kinderzimmer werfen wir nur
einen flüchtigen Blick: Im Jungszimmer steht eine E-Gitarre
an der Wand, im Mädchenzimmer wird viel gelesen und ziemlich gut gezeichnet.

Es ist faszinierend, wie schnell ein Bild entsteht, wenn man
sich in einer fremden Wohnung nur ein paar Minuten um-

sieht. Wie der eigene Kopf automatisch versucht, Dinge ein-
zusortieren und zuzuordnen, ein ganzes Leben um diese An-
sammlung von Gegenständen herumkonstruiert. Mein Bild
von Sophie: Pariserin, alleinerziehende Mutter und offenbar
weit gereiste Psychotherapeutin jüdischer Abstammung mit
einem Händchen für geschmackvolle Vintagemöbel.

Wir tauschen nur eine knappe Woche mit ihr. Für unsere
Verhältnisse eher kurz, aber es ist auch mal eine angenehme
Abwechslung, sich einer Stadt wieder wie ein normaler Urlau-
ber zu nähern. Mein letzter Aufenthalt in Paris liegt über zehn
Jahre zurück. Jessica war immer mal wieder in der Stadt, allerdings meist nur für berufliche Termine. Schnell hin, schnell
wieder zurück. Gemeinsam waren wir noch nie hier. Wir absol-
vieren also gewissermaßen das touristische Grundprogramm
der Stadt: Machen eine Bootsfahrt auf der Seine, bestaunen die
Prachtbauten links und rechts am Ufer, die nie zu enden scheinen. Wir steigen am Eiffelturm aus und merken, dass wir die
letzten Menschen der westlichen Welt sind, die keinen Selfiestick besitzen. Wir klettern die Stufen des Montmartre hinauf
und fühlen uns oben angekommen selbst ein wenig wie Mär-
tyrer, so schwer sind unsere Beine. Sacré-Cœur und der Blick
über Paris sind jedoch eine prima Entschädigung. Da wir im
nahe gelegenen Viertel Porte de Clignancourt wohnen, nehmen wir den Aufstieg sogar noch ein zweites Mal auf uns.
Denn Jessica weiß, dass der Eiffelturm nachts zu jeder vollen
Stunde blinkt und blitzt – und das kann man von dort oben
natürlich hervorragend beobachten.

Die Pariser Restaurants zu erkunden erweist sich hingegen
als schwieriger als gedacht: Es ist Mitte August, und ganz Paris liegt in einer Art Sommerschlaf. Das merken wir zunächst
kaum, da an den Sehenswürdigkeiten natürlich genauso viel
los ist wie immer – wenn nicht noch mehr. In unserem Wohnviertel spürt man dagegen deutlich, dass viele Bewohner für

den Hochsommer ans Meer gefahren sind. Läden bleiben geschlossen, Straßen, denen man ansieht, dass sie sonst belebt sind, liegen leer und ruhig im Schatten des Montmartre. Und bei allen Restaurants, die wir uns für unsere kulinarische Entdeckungstour herausgesucht haben, stehen wir vor verschlossenen Türen. Auf den Webseiten steht davon nichts. Meist hängt nur ein Zettel im Fenster. Kernaussage: »Macht's gut, ihr Trottel! Wir sind am Meer und kommen wieder, wenn der Sommer vorüber ist.« Natürlich höflicher formuliert. Satt werden wir davon trotzdem nicht.

Statt uns von einem Restaurant zum anderen zu futtern, nehmen wir also zumindest einen Teil unserer Mahlzeiten nun doch in der Wohnung ein. Bei den meisten unserer bisherigen Tausche haben wir in Einfamilienhäusern gewohnt, meist ein wenig vor der Stadt. Natürlich ist eine Mietwohnung für uns beide völlig ausreichend, noch dazu, wo wir nur eine Woche hier sind und mitten im Zentrum von Paris wohnen. Trotzdem fühlt es sich in einer Wohnung manchmal seltsamer an, zu Gast zu sein, als in einem Haus. Nicht, weil weniger Platz wäre – sondern wegen der Nachbarn.

Dafür muss ich ein wenig ausholen. In vielen Großstädten, darunter auch Paris, Barcelona und Berlin, ist das Vermieten von Privatwohnungen über Plattformen wie Airbnb mittlerweile verboten oder nur noch eingeschränkt erlaubt. So wollen die Städte verhindern, dass dringend benötigter Wohnraum als Dauerferienwohnung genutzt wird. Denn das, so die Argumentation, treibt die Mietpreise in die Höhe. In vielen Städten darf man seine Wohnung deshalb nur noch an Touristen untervermieten, wenn man selbst da ist.* Diese Verbote spalten

---

* Das Vermieten von einzelnen Zimmern ist meistens erlaubt, ebenso können kommerzielle Vermieter von lange bestehenden Ferienwohnungen sich eine Genehmigung besorgen.

die Bevölkerung: Wer selbst eine Wohnung hat, die er über eine Onlineplattform für hundert oder mehr Euro pro Nacht vermieten kann, findet diese Möglichkeit natürlich super und singt Loblieder auf die disruptiven Start-ups aus dem Silicon Valley. Wer jedoch eine Mietwohnung sucht und keine findet (dafür in derselben Stadt aber Hunderte von verfügbaren Unterkünften auf Airbnb angezeigt bekommt), der wünscht den disruptiven Start-up-Jungs die Pest an den Hals. Und den Leuten, die Airbnb nutzen, gleich mit. Inzwischen haben sich die Fronten derart verhärtet, dass viele Airbnb-Vermieter ihre Gäste instruieren, sich vor Ort nicht als Airbnb-Nutzer erkennen zu geben (»Ihr seid meine Verwandten und zu Besuch«).

Natürlich hat unser Wohnungstausch mit dieser Problematik erst einmal nichts zu tun. Dadurch, dass wir mit anderen Leuten tauschen, gehen vielleicht der Hotelindustrie ein paar Einnahmen verloren, aber wir entziehen dem Wohnungsmarkt keine Wohnungen und treiben keine Mieten in die Höhe. Das Problem: Für die Nachbarn von Sophie oder anderen Tauschpartnern ist nicht klar ersichtlich, ob wir, wenn wir mit unseren Rollkoffern aus dem Lift steigen, unbescholtene Wohnungstauscher sind – oder das wandelnde Airbnb-Feindbild.

Wir haben einerseits keine Lust, uns vor den anderen Bewohnern des Hauses zu verstecken – wollen andererseits aber auch jeden Anschein vermeiden, Sophie würde ihre Wohnung illegal untervermieten. Eine Zwickmühle. Wir versuchen, uns nicht zu viele Gedanken darüber zu machen, und falls wir im Treppenhaus oder im Innenhof des Gebäudes jemanden treffen, grüßen wir freundlich, streben aber nicht gerade das Gespräch an.

In Paris geht das so lange gut, bis ich den Müll runtertrage. Eine der Nachbarinnen, eine ältere Dame in Kittelschürze, hatte die gleiche Idee, wir begegnen uns im Müllraum. So, wie sie mich mustert, ist klar, dass sie seit hundert Jahren hier wohnt, jeden im Haus kennt und weiß, dass ich nicht dazugehöre. Ich grüße extra freundlich und versuche, mich zu orientieren. Auch in Paris ist die Mülltrennung eine Wissenschaft für sich. Bis auf meine Glasflaschen werde ich alles zügig in den blauen, gelben und grauen Tonnen los. Aber wo steht der Glascontainer?

Nun ist der Moment der Nachbarin gekommen: »*Qu'est-ce que vous cherchez?*«, fragt sie mich freundlich. Was ich suche. So viel verstehe ich noch.

Ich zeige ihr meine Flaschen. Sie weist auf eine Tonne in der Ecke des Raumes mit einer kleinen Öffnung im Deckel und beginnt einen französischen Redeschwall, der mich mit meinen seit Jahren eingerosteten Sprachkenntnissen komplett überfordert. Vorsichtig lasse ich die erste Flasche hineingleiten. *Klock.*

»*Mais non*«, ruft sie nun und eilt auf mich zu. Doch die falsche Tonne? Sie nimmt mir die nächste Flasche aus der Hand und pfeffert sie mit voller Wucht in die Öffnung des Behälters. *Klirr.* Dann lacht sie ein hinreißendes, Gitanes-rauchiges Omalachen.

Ich schmeiße die restlichen Flaschen ebenfalls mit Schmackes in die Tonne, die Nachbarin nickt mir zufrieden zu, dann geht sie ihrer Wege. Ohne mich über den Grund meines Aufenthalts zu befragen oder mir zu unterstellen, ich und meine Airbnb-Kumpel vertrieben sie aus der Wohnung, die sie damals noch von Napoleon persönlich angemietet hat.

Vielleicht bin ich auch einfach nur paranoid. Aber während ich zurück in die Wohnung gehe, frage ich mich, wie es andersherum aussieht. Wer von unseren Nachbarn bekommt mit, dass zeitweilig andere Familien in unserer Wohnung leben, während wir nicht da sind? Und unterstellen die uns, mit unserer Wohnung per Airbnb den großen Reibach zu machen? Schuld zu sein an den immer unbezahlbareren Mieten bei uns im Viertel? Haben sie uns am Ende schon bei der Hausverwaltung gemeldet? Wir vermieten unsere Wohnung zwar nicht, sondern tauschen nur – es wechselt kein einziger Euro den Besitzer –, aber macht das am Ende rechtlich einen Unterschied? Ich beschließe, noch einmal den Rechtsanwalt anzurufen, den ich schon einmal befragt habe, als es um die Haftungsfragen ging (siehe Kapitel »Kalte Füße und andere Katastrophen«).

»Das Zweckentfremdungsverbot, das in Städten wie Berlin gilt, regelt das gewerbliche Vermieten von Wohnungen über Plattformen wie Airbnb«, erfahre ich. »Dabei sind nicht die Plattformen an sich verboten, sondern nur, dass jemand mehrere Wohnungen hat, die er nicht bewohnt und an Touristen vermietet.«

Aber abgesehen von rechtlichen Schwierigkeiten mit der Stadt: Könnte ich Ärger mit meinem Vermieter bekommen? Zum Beispiel weil mein Wohnungstausch theoretisch als Untervermietung ausgelegt werden könnte? Eine, bei der die Miete in Naturalien bezahlt wird – nämlich mit dem Wohnrecht in der Immobilie der Tauschpartner?

»Das halte ich für ein wenig konstruiert«, sagt der Anwalt. Er gibt aber zu, dass es bislang keine Präzedenzfälle dazu gibt. Dafür gäbe es die modernen Online-Tauschplattformen noch nicht lange genug, außerdem »ist das Haustauschen nicht so weitverbreitet, dass es da permanent Rechtsstreitigkeiten mit den Vermietern geben würde«. Ein wichtiger Faktor sei sicherlich die Dauer eines Wohnungstauschs. Schließlich stehe es jedem Mieter frei, auch Freunde oder Verwandte für einige Tage in seiner Wohnung zu beherbergen, ohne dass dies sofort eine Untervermietung darstelle. Auch bei Wohnungstausch-Partnern könne man also erst einmal von Freunden sprechen, die man unentgeltlich bei sich wohnen lässt. Wer jedoch wochenlang bei eigener Abwesenheit Gäste in der Wohnung habe – ich lerne den juristischen Fachbegriff »Gebrauchsüberlassung« –, begebe sich in eine rechtliche Grauzone. »Wenn der Vermieter für längere Zeit keinen Ansprechpartner in der Wohnung hat, kann dieser das bemängeln. Ebenso den Fall, dass mehr Leute in der Wohnung leben als ursprünglich angegeben. In dem Fall liegt eine Überbelegung vor, welche die Nebenkosten steigen lässt.«

Überspitzt gesagt: Ein Wohnungstausch für ein langes Wochenende mit einem Ehepaar sollte relativ unproblematisch sein. Wenn wir als Paar hingegen für ein Jahr eine achtköpfige Familie in unserer Wohnung wohnen lassen, während wir selbst nicht da sind, bekommen wir unter Umständen Schwierigkeiten mit dem Vermieter – auch wenn keinerlei Untermietzahlungen fließen. Grundsätzlich kann es natürlich nie schaden, mit dem Vermieter über einen geplanten Wohnungstausch zu sprechen. Und Besitzer einer Eigentumswohnung müssen sich zwar über viele andere Dinge den Kopf zerbrechen – über das Tauschen aber ausnahmsweise nicht.

Aber ab welcher Dauer genau wird nun aus dem Wohnungstausch eine unerlaubte Gebrauchsüberlassung? Eine klare zeitliche Grenze kann mir der Anwalt auch nach einiger Recherche leider nicht nennen. Das einzige Urteil, das er finden konnte, hat das Amtsgericht Münster im Jahr 2011 unter dem Aktenzeichen 7 C 3562/10 verhängt. Dort wurde einem Vermieter recht gegeben, der seiner Mieterin mit der Begründung gekündigt hatte, diese habe eine Freundin in der Wohnung wohnen lassen, ohne sich dies vom Vermieter genehmigen zu lassen. In diesem Urteil ist als Frist »mehrere Wochen« angegeben. Zitat aus der knappen Urteilsbegründung: »Bereits der Zeitraum von mehreren Wochen musste dem Vermieter mitgeteilt werden. Dies galt auch für eine rein tatsächliche Benutzung. Auf die Frage, ob ein Untermietvertrag geschlossen worden ist, kommt es somit nicht an.«

Wie viele Wochen »mehrere Wochen« nun sind, bleibt dabei allerdings offen. Doch als Richtschnur taugen solche Einzelurteile sowieso nicht, erklärt mir der Anwalt: »Das ist eine erstinstanzliche Entscheidung, die nicht notwendig verallgemeinert werden kann.«

Da ich die Urteilsbegründung im Internet nicht finden kann, fordere ich sie beim Amtsgericht Münster an. Als ich sie ein paar Tage später – die Namen und privaten Details der Beteiligten geschwärzt – in den Händen halte, fällt mir jedoch etwas Interessantes auf: Es ging in dem Verfahren nicht nur um die Gebrauchsüberlassung, sondern auch um schwere Beleidigungen gegen den Vermieter. So hatte die Mieterin ihn wohl in einer zehnminütigen Tirade unter anderem als »Arschloch« tituliert. Damit stellt sich die Frage, ob die Kündigung (beziehungsweise deren richterlich bestätigte Rechtmäßigkeit) vor allem darin begründet war, dass die Mieterin für ein paar Wochen eine Freundin auf einem Schlafsofa beherbergte – oder nicht viel eher mit der unschönen Beleidigung des Vermieters zusammenhing.

»Und? Was hast du rausbekommen?«, fragt mich Jessica, als wir am Abend nach meinem Telefonat mit dem Anwalt durch den Jardin du Luxembourg schlendern.

»Alles nicht so einfach«, sage ich. »Aber das ist es in der Juristerei ja selten. Versprich mir nur, dass du unseren Vermieter nie als ›Arschloch‹ beschimpfst. Dann kann uns vermutlich nicht allzu viel passieren.«

▶ Tipps für Paris

• Die Buvette Gastrothèque in Pigalle wirkt wie ein typisch französisches Weinlokal. An Tischen, auf die keine zwei Smartphones passen, wird auf winzigen Tellern handfeste französische Küche und guter Wein in großen Gläsern serviert. Dass die Gastrothèque eigentlich nur ein Ableger des gleichnamigen New Yorker Restaurants ist, stört weder einheimische noch ausländische Gäste.

- Ebenfalls in Pigalle liegt das wunderbare japanische Restaurant Momoka. In der überschaubaren Küche zaubert Köchin Masayo saisonale Menüs aus farbenfrohen Gemüsen, feinem Thunfisch und zartem Rind – auf Anmeldung auch vegetarisch und nicht minder köstlich.

- Nachbarschaftlich draußen sitzen kann man abends bei Comestibles & Marchand de Vins. Dort gibt es liebevoll angerichtete Wurst- und Käsespezialitäten und kleine warme Speisen. Und natürlich: Wein.

- Vegetarier haben es in Paris mittlerweile ein wenig leichter als früher. Im alternativen Café Sol Semilla in der hübschen Rue des Vinaigriers werden sie mit Superfood aufgepäppelt, das es zum Teil auch zum Mitnehmen gibt.

- Das Musée Galliera, das Modemuseum der Stadt Paris, besitzt (*naturellement!*) eine der größten Couture-Sammlungen der Welt. Die meisten Schätze daraus sind unterirdisch an einem geheimen Ort gelagert und werden für die wechselnden Ausstellungen in dem kleinen Palais ans Licht gebracht. Der Besuch lohnt sich immer.

- Direkt gegenüber liegt das bis Mitternacht geöffnete Palais de Tokyo, dessen Ausstellungen sich mit allen Ausdrucksformen moderner Kunst (auch Mode, Musik und Tanz) befassen. Wer es gar nicht mit Kunst hat, trinkt auf der Terrasse des benachbarten Musée d'Art Moderne einen *Café allongé* oder isst eine Quiche mit Blick auf Seine und Eiffelturm.

- In der 1803 gegründeten Parfümerie Buly schweben Verkäuferinnen in strengen Uniformen elevinnengleich zu klassischer Musik von Regal zu Regal, um den Kunden feinste Öle, japanische Schminkpinsel, die hauseigenen Düfte oder Bartbürsten vorzuführen. Wer das Geschäft mit seinen deckenhohen Wandschränken betritt, wird es nur schwer wieder ohne Einkauf verlassen – selbst die Zahnpasta sieht spektakulär aus. Wenn die Verkäuferin dann die Feder ins Tintenglas taucht, um die Rechnung zu schreiben, gilt es, Contenance zu wahren. Souvenir für den, der schon alles hat: duftende Streichhölzer für fünfzehn Euro.

Weitweitwegland

Beim Tauschen ist der Abstand von zu Hause
größer als bei einem normalen Urlaub

Jessica | Perth, Australien, Dezember 2016
Der Morgen beginnt mit einer bösen Nachricht. In Berlin ist
ein Lkw in einen Weihnachtsmarkt gerast. Zwölf Menschen
sind tot. 55 verletzt. Ich glaube nicht, dass jemand darunter ist,
den wir kennen. Aber wissen kann ich es nicht.

»Soll ich eine Mail an alle schreiben?«

Christoph zuckt ratlos mit den Schultern. Es wäre ein
Signal nach Hause: Wir denken an euch. Vielleicht mache ich
meine Freunde damit aber auch nur noch nervöser. Und mich
mit. Vor zehn Jahren veröffentlichte die Zeitschrift *WIRED*
einen Essay des US-Experten für Computersicherheit Bruce
Schneier, der sich mit diesem Zwiespalt befasst und seitdem
nicht an Gültigkeit verloren hat. Titel: »Lass dich nicht ter-
rorisieren«. Schneier schreibt: »Wenn wir panisch werden und
diese Angst mit anderen teilen, helfen wir« – und zwar den
Terroristen.

Ich schaue auf die Uhr: In Berlin ist es ein Uhr morgens.
Bestimmt liegen alle friedlich schlafend in ihren Betten. In
den Nachrichtenredaktionen wird dagegen durchgearbeitet.
Ich versuche nachzulesen, was passiert ist, gebe aber bald wieder auf: Die Berichterstattung ist kleinteilig, sich durch die In-
formationsschnipsel, Updates und Liveticker zu arbeiten mühsam.

»Ist es okay, wenn ich das Radio laufen lasse?«

Christoph nickt. Die vertrauten Stimmen auf radioeins, meinem Berliner Lieblingssender, haben etwas Beruhigendes. Auch im November 2015 war es vor allem das Radio, das uns auf dem Laufenden hielt. Damals schossen Attentäter in Paris auf Menschen in Bars, Restaurants und einem Konzertsaal. Wir hatten uns einige Wochen zuvor nach Kalifornien getauscht und waren auf dem Weg nach Stinson Beach, einem Badeort nördlich der Golden Gate Bridge. Keine Wolke am Himmel. Nur weites Blau und goldenes kalifornisches Licht. Zu Hause dagegen: Angst und Trauer. Wir sprachen wenig. Hörten die ganze Fahrt lang NPR, das öffentliche US-Radio. Mit überlegten Worten ordneten die Reporter ein, was passiert war. Es gab damals nichts, was ich hätte tun können. Zum Strand zu fahren fühlte sich trotzdem an, als würde ich Freunde und Familie hängen lassen. Insgeheim war ich froh, in Kalifornien zu sein. Die Entfernung machte es einfacher, sich der Nachrichtenspirale und den schockverstärkenden sozialen Medien zu entziehen. Vielleicht waren wir deshalb auch sofort einverstanden, als uns Sophie aus Paris ein paar Wochen später ihre Wohnung zum Tausch anbot. Paris im August – warum nicht?

»Früh am Morgen, an jedem Morgen, können wir mit dem Allernotwendigsten aufbrechen und die Welt entdecken. Zwänge, Gewalt, Besitz, Belanglosigkeit hinter sich zu lassen ist durchaus möglich. Wir können einfach gehen«, heißt es in einem Gedicht des Briten Thomas A. Clark. Er beschreibt darin, wie befreiend es sein kann, Dinge aus der Distanz zu betrachten.

Hier in Perth, 13.575 Kilometer Luftlinie von Berlin entfernt, ist das tägliche »Seehofer sagt dies, Seehofer sagt jenes« der deutschen Nachrichten angenehm weit weg. Dafür schauen wir mit australisch gefärbtem Blick auf die Welt: Jakarta und

Peking sind plötzlich viel näher. Was in Neuseeland passiert, ist fast so wichtig wie das Geschehen in den USA. Auf den Titelseiten regiert nicht König Fußball, sondern Cricket und Tennis. Und von den meisten Schauspielern und Bands, die hier Schlagzeilen machen, habe ich noch nie gehört. Haustausch rückt so das eurozentristische Weltbild zurecht. Lehrt einen, dass die eigene Heimat nicht der Nabel der Welt ist.

In Kalifornien erleben wir, wie die seit vier Jahren anhaltende Dürre die Preise für Obst und Nüsse nach oben treibt. Mit Botschaften auf Plakaten wie »Braun ist das neue Grün« versuchen die Behörden, die Bürger dazu zu bewegen, die Rasensprenkler auszuschalten und Wasser zu sparen. Morgens duschen oder nicht? Solange wir in Oakland wohnen, ist das für uns nicht nur eine Frage der Hygiene, sondern plötzlich auch eine moralische.

Ein anderes Beispiel: In Oaxaca de Juárez kommen wir fast täglich an den auf dem Zócalo campenden Lehrern vorbei. Seit Wochen protestieren sie auf diesem zentralen Platz gegen eine radikale Bildungsreform – aber auch gegen die Polizei, die ein Jahr zuvor mithilfe eines örtlichen Drogenkartells im benachbarten Bundesstaat Guerrero 43 Studenten verschleppte. Der Überfall war seinerzeit auch in Deutschland Thema. Die Bildungsreform und die damit einhergehenden Proteste, die mit Straßenblockaden die Stadt lahmlegen, nicht.

Als Haustauscher sind wir so was wie Einheimische auf Zeit. Die Lehrerproteste beschäftigen auch Christophs Spanischlehrer. Und damit uns. Ein Jahr später wird die Situation eskalieren: Während einer Autobahnblockade fallen Schüsse, sechs Menschen sterben.

Wir sind zu diesem Zeitpunkt in Schweden. Aber die Nachricht berührt uns. Oaxaca de Juárez ist nach unserem Aufenthalt dort nicht mehr nur ein Punkt auf der Landkarte. Es ist die Stadt, in der Paula und Hetty leben, Verónica und Rosa,

Claudia und Yves. Für ein paar Wochen war es auch unser Zuhause. Und obwohl zwischen Schweden und Mexiko Tausende Kilometer liegen, sind wir mit den Gedanken bei unseren Freunden in Oaxaca de Juárez.

Was mir unsere Reisen auch immer wieder bewusst machen ist, wie sehr ich Freunde brauche. Meinen Lieblingsmenschen habe ich beim Haustauschen immer dabei. Aber sobald wir länger als ein paar Wochen unterwegs sind, bekomme ich Sehnsucht: vermisse die Fernsehabende mit meinen Freundinnen, das Kaffeetrinken, die gemeinsamen Abendessen. Kein Heimweh – Freundschaftsweh. Denn wenn ich ein paar von ihnen ab und zu für einen Nachmittag und einen Abend hier in der Fremde bei mir haben könnte, wäre alles schon wieder in Ordnung.

In unserem zweiten Monat in Oakland wird es so schlimm, dass ich es nicht mehr aushalte. Ich rufe Ulli an. Und Jonna. Und Wiebke. Die mehrstündigen Telefonate trösten mich sofort. Etwas, das auf Dauer weder die Katze auf meinem Schoß noch die warme Novembersonne schafft. Ein Hoch auf Telefonkarten mit Inklusivminuten!

»Hallo! Wie geht es dir?«

Es ist das erste Mal, dass ich Jonna von unterwegs anrufe. Sie wirkt überrascht. »Ist alles okay?«

»Hier ist es super«, sage ich. »Aber zwei Monate ohne Freunde sind ganz schön hart.«

»Seid ihr schon so lange weg? Kommt mir gar nicht so vor. Hier ist alles wie immer.«

Das Gleiche mit Ulli und Wiebke. Vermisst mich denn gar keiner? Vielleicht ist es mit Christoph und mir wie mit den Nachrichten, die mit zunehmender Distanz ihre Dringlichkeit verlieren: Wir werden unwichtiger, wenn wir uns von unseren Freunden entfernen. Laut dem US-Soziologen Michael Flaherty wird die unterschiedliche Wahrnehmung jedoch von einem anderen Phänomen bedingt: der »Dichte« von Zeit. Ob sich eine Zeitspanne für uns kurz oder lang anfühle, sei davon abhängig, wie viel »subjektive und objektive Information« darin stecke, schreibt Flaherty. An einem vollen Arbeitstag »erledigen Sie vielleicht viele komplexe Aufgaben. Weil Sie sich aber regelmäßig damit befassen, sind diese bereits zur Routine geworden. Sie arbeiten, ohne groß darüber nachdenken zu müssen.« Entsprechend wenig bleibt vom Tag hängen, so Flaherty. Die »Dichte« an Erlebnissen ist einfach zu gering. Der »Schock des Neuen« führe dagegen dazu, dass wir »den ungewohnten Umständen mehr Aufmerksamkeit schenken«, was wiederum die Zeit verdichtet. Sie scheint langsamer zu vergehen. Ich kann das bestätigen: Wenn wir tauschen, muss ich mich bewusst mit meiner Umgebung befassen – sonst fällt mir vielleicht die Duscharmatur (»Bitte nicht verschieben!«) auf den Kopf, oder ich finde vom Bäcker nicht mehr zurück. Das macht Haustausch zum Leben in Slow Motion. Der Alltag daheim wirkt dagegen wie ein Zeitraffer.

Natürlich denke ich darüber nach, mir vor Ort Freunde zu suchen. Aber wenn man von zu Hause arbeitet, verringert das die Zahl zwischenmenschlicher Begegnungen, die über einen Supermarktkassenkontakt oder das gemeinsame Nutzen einer Fußgängerampel hinausgehen.

Manchmal ergibt sich jedoch eine Gelegenheit. In Oakland höre ich nach meiner Yogaklasse, wie eine Frau die Lehrerin anspricht: »Gibt es hier in der Nähe ein Café, in dem man gut arbeiten kann? Ich bin gerade erst hergezogen.« Ich drehe mich um. Die Frau ist ein paar Jahre jünger als ich, hat kurze braune Haare und ein sommersprossiges Gesicht. Wenn ich mich jetzt in das Gespräch einschalte, wird vielleicht eine nette Verabredung daraus. Am Ende vielleicht sogar eine neue Freundschaft.

Dann kommen die Zweifel: Vielleicht findet sie es aber auch total doof, wenn ich mich dazwischendränge. Immerhin hat sie die Yogalehrerin gefragt. Was, wenn wir uns verabreden und es der längste, langweiligste Nachmittag meines Lebens wird? Und selbst falls es supernett werden sollte – so richtig lohnt es sich ja doch nicht. Wir sind ja nur noch vier Wochen hier. Ich klemme schweigend meine Yogamatte unter den Arm und stapfe nach Hause.

»Wie wir uns verhalten, bestimmt, ob ein Moment zum Erfolg wird oder zum Scheitern verurteilt ist«, schrieb Henry Miller über die Kunst zu leben. »Ein Tänzer muss zuallererst lernen, sich zu entspannen. Es ist das Erste, was jeder lernen muss, der das Leben auskosten möchte. Eine fürchterlich schwierige Aufgabe, denn sie verlangt Ergebenheit, vollkommene Ergebenheit. Vollkommene, aufrichtige Ergebenheit. Einen fast religiösen Blick auf das Leben: zu akzeptieren, dass Schmerz, Leiden, Rückschläge, Unglück und all das dazugehören. Es ist ein großer Umweg, der sich am Ende aber schon immer als der kürzeste Weg erwiesen hat.« Eigentlich kann man doch nur gewinnen, wenn man sich auf andere einlässt. Warum fällt es mir nur so schwer, eine Fremde entspannt zum Kaffee einzuladen?

»Schau mal«, holt mich Christoph in die australische Realität zurück. Er hält mir sein Telefon unter die Nase: eine Nachricht von Eugene. »Wollt Ihr morgen mit mir nach Margaret River fahren?«

Eugene ist ein alter Freund unseres Freundes Brian – und für uns ein Fremder. Er ist vor fast zwanzig Jahren von Irland nach Australien ausgewandert. Brian hatte uns nahegelegt, uns doch bei ihm zu melden. Eigentlich hatten wir uns mit Eugene nur auf einen Kaffee in Perth verabredet. Schön unverbindlich. Aber jetzt schlägt er vor, stattdessen in das drei Stunden entfernte Weinanbaugebiet zu fahren. Ein Tagesausflug. Ob das gut geht?

Ich zucke die Schultern: Warum eigentlich nicht? Eine Ablenkung von den traurigen Nachrichten aus Berlin tut uns bestimmt gut. Und Margaret River soll eine der schönsten Regionen Westaustraliens sein. »Wenn er nett ist, wird es bestimmt ein super Tag. Und wenn nicht, können wir uns ja immer noch betrinken.«

Stockholm: Tanz um den Midsommar-Baum

Wie wir in Schweden Schweizer Fußballchinesisch lernten, in eine Lüftungskontrolle gerieten und uns in Frösche verwandelten

Christoph | Djursholm, Schweden, Juni 2016
Es ist ruhig hier. Sehr ruhig. In einem Western würde man jetzt sagen: »Fast ein wenig ... *zu* ruhig.« Jessica und ich stehen in einer kleinen Wohnsiedlung, die mit ihren Häuserblocks an einen Ferienort erinnert. Zwischen den sandfarbenen Gebäuden stehen gemauerte Outdoor-Grills und Holztische mit langen Bänken. Die Abendsonne scheint auf ein Kiefernwäldchen. Zeit für eine erste Erkundung.

Wir befinden uns ins Djursholm, einem Vorort von Stockholm. Am Nachmittag sind wir gelandet, am Flughafen erwartete uns in einem Gepäckverwahrungsbüro ein Umschlag mit Auto- und Hausschlüssel, Parkkarte und einem hastig gekrickelten »Viel Spaß!«. Praktisch, so eine Deponiermöglichkeit. Leider gibt es so etwas nicht an allen Flughäfen. Für Haustauscher ein perfekter Service! Nach einer halben Stunde Fahrt, die uns bereits durch die allerschönsten Südschwedenwälder führte, hatten wir Djursholm erreicht. Nun sind die Koffer in der Wohnung verstaut, und wir wollen die letzten Sonnenstrahlen nutzen, um uns unsere Umgebung anzusehen.

Durch das Kiefernwäldchen gelangen wir zu einem prachtvollen Gymnasium, das eher aussieht wie ein Schloss. Der Pausenhof ist verlassen, es ist nicht nur Abend, sondern auch

Sommerferienzeit. Wir folgen der Straße über einen kleinen Hügel. Auf einer Wiese hoppeln Hasen herum, und nicht weit entfernt sieht man einen alten runden Wasserturm. Der Ortskern besteht aus zwei Kreisverkehren mit einer kleinen Einkaufsstraße dazwischen. Dort gibt es einen Supermarkt, ein Café, zwei Restaurants und eine kleine Auswahl an Lädchen. Viel mehr ist da nicht.

Dafür gibt es das Meer. Nicht das weite, offene Meer, sondern das felsig zerklüftete. Das mit vielen kleinen Buchten und Schären. Wir trinken ein erstes *Öl* in einer Bar unmittelbar am Wasser. Mit Blick auf etwas, das ich noch nie gesehen habe: eine Tankstelle auf einem großen Steg, für die Schiffe der Gegend. Dass ich einmal eine Tankstelle fotografieren würde, hätte ich auch nicht gedacht. Aber das kleine hellblaue Holzhäuschen mit den vier altmodischen Zapfsäulen daneben sieht vor dem Hintergrund des Minifjords im Abendlicht einfach zu skandinavisch-idyllisch aus. Der Wind am Wasser ist kühl, obwohl die Sonne zur späten Stunde noch hoch am Himmel steht. *Midsommar* steht bevor. Wir hätten uns gar nicht so beeilen müssen. Unsere Annahme »Es wird bald dunkel« erweist sich im sommerlichen Schweden als komplett daneben. Dämmerig wird es, aber von Dunkelheit keine Spur.

Auch um Mitternacht, als wir – jeder mit einem Buch auf dem Bauch – nebeneinander im fremden Schlafzimmer liegen, ist es vor dem Fenster noch ganz schön hell. In der Theorie wussten wir das natürlich vorher und hatten uns auf die »weißen Nächte« gefreut. Aber wie so oft im Leben ist es ein Unterschied, ob man sich etwas theoretisch vorstellt oder es leibhaftig erlebt.

»Verrückt, wie hell es immer noch ist«, sage ich bestimmt zum zehnten Mal. Manchmal nennt Jessica mich »Captain Obvious«, den Meister des Offensichtlichen. Ich kann mir beim besten Willen nicht erklären, warum.

Ich gebe zu: Ich war ein wenig in Sorge, wie gut es bei diesen Lichtverhältnissen mit dem Schlafen klappen würde. Dunkel wird es nur zwischen zwei und drei Uhr morgens.

»Die haben bestimmt Rollläden«, war sich Jessica sicher. Aber nichts dergleichen. Ein dünner Vorhang schirmt das Schlafzimmer ungefähr so gut gegen das sommernächtliche Licht ab wie ein Butterbrotpapier einen Flutlichtscheinwerfer dimmen würde. Wir schlafen trotzdem ohne Probleme ein und durch. Mehr Schwierigkeiten als der nächtliche Sonnenschein bereitet mir die Matratze: Die ist so weich, dass ich darin einsinke und nach kurzer Zeit liege wie in einer Hängematte. Was gemütlich klingt, beschert mir nach der zweiten Nacht Rückenschmerzen, wie sie im Buche stehen. Und zwar im Buche »Tausend Dinge, die Sie auf keinen Fall gehabt haben müssen, bevor Sie sterben«.

»Das kommt davon, wenn man mit jungen Leuten tauscht, die auch auf einem spitzen Stein schlafen können und am nächsten Tag frisch und ausgeruht sind«, fluche ich, als ich auf allen vieren durch die schwedische Wohnung krieche.

Da ich gelernt habe, dass es bei Rückenschmerzen nichts Schlechteres gibt, als sich zu schonen und sich bewegungslos seinem Leid hinzugeben, schnüren Jessica und ich unsere Laufschuhe und suchen uns eine Joggingstrecke mit möglichst malerischen Ausblicken. Wir schnaufen durch Djursholm und seine Ausläufer. Schnell stellen wir fest, dass unsere kleine Wohnsiedlung eher untypisch für den Vorort ist: Wir laufen vorbei an breiten Auffahrten und weitläufigen Gärten. Vor einer voll verglasten Villa fährt leise surrend ein Rasenmäherroboter um den Pool. In jeder Einfahrt stehen mindestens zwei Oberklasseautos. Kein Wunder, dass die Leute hier alle aussehen wie in Hamburg-Eppendorf oder Düsseldorf-Oberkassel (nur größer und blonder). Und dass die Preise in den Restaurants ganz schön ambitioniert sind.

Als wir zu Hause verschwitzt bei Wikipedia nachschauen, stellen wir fest: Djursholm ist die reichste Gemeinde in ganz Schweden. Viele der Villen stammen von bekannten schwedischen Architekten. Und wir sitzen im Wohnblock. Na ja, man kann nicht alles haben – und beschweren können wir uns bei den diversen großzügigen Häusern, die wir uns schon ertauscht haben, nun wirklich nicht. Was die Preise angeht, können wir uns ja dank der Wohnküche zum Glück auch mit Einkäufen aus dem Supermarkt verpflegen.

Die Fußball-EM in Frankreich hat begonnen, und da wir in den Nobelrestaurants im Ort erwartungsgemäß keine Flachbildschirme mit Sportübertragungen entdecken konnten, beschließen wir, das erste Spiel der deutschen Elf zu Hause anzuschauen.

Als wir vor genau zwei Jahren in Princeton waren, fand gerade die Fußball-WM in Brasilien statt. Wir verfolgten einige der Spiele in einer typischen amerikanischen Sportsbar. Dort, wo normalerweise nur American Football, Baseball oder Basketball läuft, wurde ausnahmsweise auch mal »Soccer« übertragen. Ich werde nie vergessen, wie uns einer der amerikanischen Stammgäste todernst einige Vorschläge unterbreitete, wie man Fußball zu einer für ihn und die 300 Millionen anderen US-Amerikaner interessanteren Sportart machen könnte: »Warum macht ihr die Tore nicht ein wenig größer«, meinte er. »Dann würden die Spiele nicht 1:0 oder 2:1 ausgehen wie jetzt, sondern 24:20 oder so was. Dann würde in den neunzig Minuten wenigstens mal was passieren.«

Ich antwortete ihm in der gleichen Ernsthaftigkeit, dass ich bezweifelte, dass eine solche Änderung gut ankäme, drüben in »Old Europe«. Aber ich versprach ihm, seine Vorschläge dem DFB und der FIFA zu unterbreiten.

Nicht nur die gediegen cremefarben eingerichteten Restaurants von Djursholm sind fernseherlos. Auch unsere Tauschpartner besitzen kein Gerät. Aber ein schwedischer Kommentator würde uns vermutlich ohnehin nicht weiterhelfen. Und ohne Kommentar macht es keinen Spaß – wir verstehen einfach zu wenig von Fußball. Statt eines Fernsehers haben unsere Tauschpartner aber die schnellste aller Internetverbindungen. Nicht mal deutsche Unirechenzentren können da mithalten. Wir planen also, das Spiel in kristallklarer Auflösung und ohne Ruckeln und Zuckeln auf einem unserer Laptops zu streamen. Die Vorfreude steigt im Lauf des Tages. Dann die Ernüchterung: Der Stream der ARD, die das Spiel überträgt, ist außerhalb Deutschlands nicht verfügbar.

Zusammengezählt verbringe ich im Jahr vermutlich mehr Zeit damit, meine Fahrradkette zu ölen, als Fußball zu schauen, aber nun ist mein Ehrgeiz geweckt. Ich kenne zwar allenfalls die Hälfte der Namen der deutschen Nationalmannschaft, aber egal: Dieses Spiel müssen wir sehen, koste es, was es wolle. Trotz hektischen Googelns finde ich zwar keinen Weg, der ARD-Webseite vorzumachen, dass wir uns in Deutschland befinden, kann aber immerhin den Schweizer Stream mit einem kleinen Trick zum Laufen bringen. Wir schauen also das Spiel mit neutralem Schweizer Kommentar, was so angenehm ist, dass ich mir vornehme, auch sämtliche zukünftigen EM- und WM-Spiele, egal wo, nur noch so anzusehen. Wir lernen außerdem einiges dazu: Spielt ein Spieler einem anderen durch die Beine, heißt das in der Schweiz »Tünnel«. Knallt einer dem anderen sein Knie unsanft in den Oberschenkel, nennt man das dortzulande eine »Tomate«.

Wir bleiben aber nicht unsere komplette Schwedenzeit in Djursholm, auch wenn es dort wunderschön ist.

»Mit der Bahn seid ihr in einer Viertelstunde in Stockholm«, hatten unsere Tauschpartner versprochen. Und auch, wenn solche Zeitangaben oft mit Vorsicht zu genießen sind

(»Ihr müsst aber erst noch zwanzig Minuten zum Bahnhof laufen, und wenn ihr ankommt, seid ihr in den alleräußersten Außenbezirken«) – hier stimmt es tatsächlich. Der Bahnhof ist direkt hinter unserer Wohnsiedlung, und der Pendlerzug rauscht alle zehn Minuten direkt in die Hauptstadt.

Ich war bisher nur einmal in Stockholm: vor mindestens zehn Jahren im Winter. Alles war verschneit, und ich mochte die Stadt damals schon. Aber jetzt, mitten im Sommer, ist sie noch um Längen besser. Dass die Schweden und Schwedinnen alle durch die Bank gut aussehen und gut gekleidet sind, hat man ja schon oft genug gelesen. Vermutlich, weil es wahr ist. Durch die etwas zerklüftete Insellage und die felsigen Anhöhen an mehreren Stellen der Stadt hat man außerdem in den Momenten, in denen man keine umwerfend schönen Einheimischen bestaunen kann, sofort einen imposanten Panoramablick auf oder über die Stadt. Man kann im Grunde sein Telefon in eine x-beliebige Richtung halten und ein Foto schießen – heraus kommt fast immer pures Instagram-Gold.

Nachdem Jessica und ich einige Tage lang die Cafés und Läden im Hipster-Stadtteil Södermalm, den Vergnügungspark Gröna Lund und die Museumsinsel Skeppsholmen zu Tode fotografiert haben, melden sich Hannes und Nele. Unsere Freunde sind gerade auf dem Weg nach Stockholm und haben die Bilder auf Instagram gesehen. »Hey, ihr seid ja auch da!«, schreiben sie.

Wir verabreden uns, gemeinsam das letzte und entscheidende Vorrundenspiel der schwedischen EM-Mannschaft anzuschauen. Das Streaming am Küchentisch in Djursholm war uns auf Dauer eh ein wenig fad geworden, Schweizer Fußballvokabular hin oder her.

Der Trädgården liegt am südlichen Ende von Södermalm unter einer Autobahnbrücke. Zwischen den bestimmt dreißig Meter hohen Pfeilern hängen Tarnnetze und Discokugeln. Das

Ganze ist eine Mischung aus Open-Air-Disco, Biergarten und Kunstinstallation – und heute kommt noch eine riesige Leinwand dazu, auf der Schweden gegen Belgien spielt. Als wir uns mit Hannes und Nele treffen, ist es noch angenehm leer, doch mit jeder Minute, die das Spiel näher rückt, tun das auch die Leute um uns herum. Kurz vor Anpfiff können wir uns wegen massiver Überfüllung des Geländes kaum noch rühren. Ein Bier muss für die erste Halbzeit natürlich trotzdem her. Als ich mich durch die Menschenmenge zu einer der Bars durchgekämpft habe und dort vier Bier für unsere kleine Reisegruppe erbitte, schüttelt der Barkeeper den Kopf. Er müsse alle vier Personen sehen, für die das Bier bestimmt ist: »Damit sie nicht zu betrunken sind.« Denn es ist verboten, Leuten Alkohol auszuschenken, die bereits zu viel hatten.

In Sachen Alkohol passt Schweden gut auf seine Bürger auf. Das hatten wir bereits gelernt, als wie merkten, dass es Alkohol nur in staatlichen Läden, den sogenannten Systembolagets gibt. Als ich dem Barkeeper erkläre, dass wir gerade erst angekommen und deshalb nüchtern sind wie ein Gesetzestext – und es außerdem unmöglich sein wird, die drei anderen dazu zu bewegen, unsere Plätze vor der Leinwand aufzugeben – hat er ein Einsehen. Und ich vier Bierbecher in der Hand, die ich unfallfrei durch immer noch mehr aufgekratzte Fußballfans bugsieren muss.

Für die Schweden geht es bei dem Spiel ums Ganze – sie müssen gewinnen, wenn sie die Vorrunde überstehen und ins Achtelfinale kommen wollen. Alle Augen unter der Autobahnbrücke sind auf Zlatan Ibrahimović gerichtet, den schwedischen Wunderstürmer. Doch der kommt nicht so recht zum Zug, die Menge stöhnt jedes Mal kollektiv auf, wenn er einen Pass nicht erwischt oder das belgische Tor verfehlt. Zur Halbzeit steht es 0:0. In der zweiten Hälfte sieht es besser aus für die Schweden. Der gesamte urbane Biergarten scheint aufzuatmen. Doch dann die 84. Minute: Tor für Belgien. Große Enttäuschung in den zahlreichen gelb-blau bemalten Gesichtern um uns herum. Wir sind auch enttäuscht – vor allem, weil wir eigentlich gerne noch ein paar Schwedenspiele hier geguckt hätten. Doch nichts zu machen. Schweden scheidet aus – und die armen Fans dürfen sich aufgrund der strengen Ausschankregeln nicht mal hemmungslos betrinken.

Andererseits ist eine gewisse Fürsorge ja auch gut, und Schweden hat es durch die relativ strengen staatlichen Regeln tatsächlich geschafft, das Alkoholproblem, das dem Land in den Fünfziger- und Sechzigerjahren wohl noch stark zu schaffen machte, in den Griff zu bekommen.

Ein paar Tage nach dem Abend im Trädgården, erleben wir jedoch noch eine ganz andere Form staatlicher schwedischer Fürsorge: Unsere Tauschpartner kündigen uns an, dass ein Besuch der offiziellen Lüftungskontrolleure ansteht. Die würden regelmäßig sämtliche schwedischen Wohnungen und Häuser kontrollieren, und wir sollten sie doch bitte hereinlassen.

Tatsächlich klingelt es am angekündigten Vormittag an der Tür, und eine Frau und ein Mann stehen vor mir. Während sich der Mann mit einem Klemmbrett eher verschüchtert im Hintergrund hält, ist die Frau im Blaumann diejenige, die das Wort führt. Ich zeige ihr die Wohnung. Offenbar prüfen sie tatsächlich, ob alle Räume über ausreichende Belüftung verfügen, damit sich kein gesundheitsschädlicher Schimmel bildet. Einerseits natürlich sinnvoll – und vielleicht der Grund, warum alle Schweden so bildschön und gesund aussehen. Für meinen persönlichen Geschmack aber ein bisschen zu viel der staatlichen Obhut. Der nächste Schritt wäre ja dann, dass jemand neben mir im Wohnzimmer sitzt und sagt: »Nicht so nah ran an den Fernseher, Herr Koch, das ist nicht gut für die

Augen. Überhaupt: fernsehen? Machen Sie lieber mal ein paar Sit-ups! Ist besser für die Gesundheit ...«

Doch während ich so vor mich hin denke, wie eine staatliche Lüftungskontrolle wohl in Deutschland ankäme, weist die ursprünglich entspannt-freundliche Inspektorin plötzlich mit strenger Miene auf die Tür, die vom Flur in eine Abstellkammer führt.

»Haben Sie diese Löcher gebohrt?«, fragt sie und zeigt auf fünf Löcher, etwa so groß wie Zwei-Euro-Münzen, die etwa eine Handbreit über dem Boden in die Tür gebohrt wurden.

Bisher gab es weder Gelegenheit noch Grund, dem Besuch zu erklären, dass wir nur vorübergehend in dieser Wohnung leben. Bevor ich aber für Löcher, die jemand anderes gebohrt hat, in ein schwedisches Belüftungskontrollgefängnis wandere, packe ich lieber aus.

»Wir wohnen hier nur vorübergehend«, erkläre ich – einmal mehr froh, dass alle Schweden neben »Super aussehen« in der Schule als Pflichtfach auch »Super englisch sprechen« belegen müssen. »Die Familie, die normalerweise hier wohnt, ist gerade in unserer Wohnung in Berlin. Wohnungtausch nennt man das.« Und nach einem entschuldigenden Lächeln: »Deswegen kann ich Ihnen zu den Löchern leider nichts sagen.«

Die Frau rammt ihrem Gehilfen fröhlich den Ellbogen in die Seite. »Hahaha, dann sind Sie ja genau zur richtigen Zeit hierhergekommen!«, sagt sie. »Sie wissen doch, dass übermorgen das *Midsommarfest* ist?«

»Aber natürlich«, antworte ich. Erfreut, aber auch verwundert, wie schnell die illegalen Löcher plötzlich vergessen scheinen. »Wir sind schon sehr gespannt darauf.«

»Einfach sehr viel Schnaps trinken!«, ruft die Inspektorin lachend. »Dann macht es am meisten Spaß. Stimmt doch, oder?«

Ihr Adjutant mit dem Klemmbrett lacht pflichtbewusst und halb zustimmend.

»Dann machen Sie sich mal wegen der Löcher keine Gedanken«, sagt die Inspektorin zum Abschied. »Hauptsache, Sie haben ein tolles *Midsommarfest*!« Dann sind die beiden wieder verschwunden.

Zwei Tage später stehen Jessica und ich auf einer großen Wiese hinter dem Schloss von Djursholm. Laut unseren Gastgebern ist das der beste Ort, um *Midsommar* zu begehen: »Viele Schweden feiern im Kreis ihrer Familie, zum Beispiel in ihren Sommerhäusern außerhalb der Stadt. Aber es gibt auch ein öffentliches Fest hinter dem Schloss.«

Es haben sich etwa 200 Leute versammelt, die Stimmung ist dennoch familiär. Viele kennen sich, plaudern, lachen miteinander, die meisten Frauen tragen selbst gewundene Kränze aus Birkenzweigen und Wiesenblumen im Haar. In der Mitte ist die rund acht Meter hohe *Midsommarstång*, auch *Majstång*, errichtet, die mit grünen Blättern geschmückt ist. Darunter spielt gerade eine vierköpfige Rentner-Band in traditioneller schwedischer Tracht Volkslieder auf Fiedel, Flöte und Akkordeon. Es gibt eine Reihe von Bräuchen rund um die *Midsommar*-Nacht, die als magisch gilt und in der Elfen und Trolle unterwegs sein sollen: So wird zum Beispiel dem Morgentau dieser Nacht heilende Wirkung zugeschrieben. Und wer in ihr sieben verschiedene Blumen von sieben verschiedenen Wiesen pflückt und unter sein Kopfkissen legt, träumt von der Person, die er später heiraten wird.

Wir sind jedoch für einen ganz bestimmten Brauch hier: den *Midsommar*-Tanz. Ein Conferencier hat nun das Mikrofon ergriffen und fordert auf Schwedisch alle Zuschauer auf, sich in mehreren Kreisen um den *Midsommar*-Baum aufzustellen. Eine Dame mit einem besonders eleganten Blumenkranz, der eher an einen prächtigen Hut erinnert, merkt, dass wir seinen Anweisungen nicht so ganz folgen können, und springt spontan als Simultandolmetscherin ein.

Das erste Lied, bei dem wir gemeinsam mit hundert Schweden um den Baum tanzen, handelt von der Hausarbeit. Statt Tanzschritten muss man so tun, als würde man den Boden kehren, Wäsche waschen, Wäsche aufhängen und so weiter. Jeden Tag der Woche eine andere Tätigkeit, wie uns unsere Dolmetscherin verrät. Am Sonntag schließlich: getanzter Kirchgang. Als die Woche zu Ende ist, sind alle außer Atem. Vom Tanzen, viel mehr aber noch vom Lachen.

Die Melodien der folgenden Songs sind alle derart eingängig, dass Jessica und ich sie noch die ganze folgende Woche nicht mehr aus dem Kopf bekommen und immer wieder in Fantasieschwedisch anstimmen werden. Kein Wunder, dass ABBA aus Schweden stammen – Hits können sie hier. Als der letzte Song der Tanzperformance angekündigt wird, bricht Jubel los.

»Jetzt kommt das Froschlied«, klärt uns unsere Tanznachbarin auf, deren Hut trotz der wilden Schrittfolgen noch extrem akkurat sitzt.

Der Smash-Hit der *Midsommar*-Charts heißt »Små grodorna« und handelt genau davon: von kleinen Fröschen. In der Hocke hüpfen wir mit allen anderen im Kreis und singen dabei, dass die kleinen Frösche keine Ohren und keine Schwänze haben. Dabei muss man sich zur richtigen Zeit an die Ohren und den Steiß fassen. Im Refrain wird dann nur noch gequakt. Es ist lustig zu sehen, wie sich die sonst etwas spröden Schweden hier auch als Erwachsene zum Affen – beziehungsweise zum Frosch – machen und »*Kwack, kwack, kwack*« singend im Kreis herumhopsen.

Am zweiten Tag des *Midsommar*-Wochenendes treffen wir noch einmal Hannes und Nele. Im Skansen – dem Freilichtmuseum mitten in Stockholm, das sich der schwedischen Geschichte und Traditionen widmet – findet ebenfalls eine große *Midsommar*-Sause statt. Anders als in unserem Vorort Djursholm ist diese allerdings eher für Touristen. Diesmal flechten wir uns sogar Kränze. Meiner sieht allerdings eher aus, als würde ich mich für eine Paintball-Partie tarnen wollen. Der große Vorteil: Wir kennen nun schon alle Lieder und können Hannes und Nele erklären, wann sie Wäsche waschen und wann sie wie Frösche hüpfen müssen.

Es gibt viele Dinge, die mir am Haustausch gefallen. Eines der wichtigsten: Wenn man für eine Weile an einem fremden Ort lebt, fühlt sich das Leben dort – zumindest am Anfang – an wie eine erneute Kindheit. Alles ist neu, alles ist interessant, alles ist unbekannt und erkundenswert. Es gibt keine Erfahrungswerte, keine über Jahre eingeschliffenen Gewohnheiten. »Die Welt mit Kinderaugen sehen« ist beinahe so ein schlimmes Klischee, wie das »innere Kind entdecken«. Aber natürlich sehnen wir uns alle zurück nach dieser Begeisterungsfähigkeit und der Aufgeschlossenheit, die wir als Kinder hatten.

Zu Hause ist es eine Mischung aus Bequemlichkeit und Alltagsabstumpfung, die dafür sorgt, dass wir das ruhige, aber eben auch wenig magische Leben von Erwachsenen führen. Effizient, unbeeindruckt, normal. Ganze Tage oder Wochen vergehen ohne nennenswerte Vorkommnisse, ohne neue Entdeckungen, ohne »erste Male«. Und wenn wir ehrlich sind, ist es uns ganz recht so. Vielleicht wäre es auf Dauer auch zu anstrengend, permanent alles neu zu erleben, jeden Geschmack zum ersten Mal zu kosten, alles von Grund auf neu lernen zu müssen. Aber dann und wann kann es das eigene Leben eben sehr bereichern, wenn man sich noch einmal mit der Unerfahrenheit und Wissbegier eines Kindes durch seine Umgebung bewegt. Anstatt zu glauben, man wisse ohnehin schon alles. Und natürlich alles besser.

Wer zwar ab und zu wieder Kind sein will, aber Angst vor dem Kindischsein hat, muss ja nicht unbedingt zur *Midsommar*-Zeit nach Schweden reisen und dort wie ein verrückter Frosch im Kreis hopsen. Ich kann aber selbst das sehr empfehlen.

▶ Tipps für Stockholm

- Das 2010 eröffnete Fotografiska-Museum in Södermalm ist der Fotografie junger Talente und etablierter Meister wie Annie Leibovitz, Robert Mapplethorpe, Henri Cartier-Bresson und David LaChapelle gewidmet. Meist werden vier Ausstellungen gezeigt, die alle paar Monate wechseln. Den Panoramablick über Stadt und Hafen aus dem Café im obersten Stock könnte man leicht mit einer Fototapete verwechseln – vor allem, wenn die Sonne gerade untergeht.
- Ebenfalls im obersten Stock: das Restaurant des Spitzenkochs Paul Svensson. Die in kalt, warm und süß unterteilten Tellergerichte konzentrieren sich auf Gemüse und Früchte, sind aber nicht immer vegetarisch. Fisch und Fleisch können als Beilage dazu bestellt werden. Neben einer Wein- bietet das Restaurant auch eine Bierbegleitung an.
- Auch das Restaurant des Museum of Spirits ist fantastisch. Bei schönem Wetter lockt der kleine Biergarten am Kai.
- Hermans vegetarisk & vegansk restaurang hat nicht nur die idyllischste Terrasse der Stadt, sondern auch ein unschlagbares Büfett. Tee gibt es umsonst.
- Auf der Insel Djurgården kann man in der Gärtnerei Rosendals Trädgård frühstücken oder Kaffee trinken – im Som-

mer unter alten Apfelbäumen im Gras, im Winter im romantisch von Kerzen beleuchteten Gewächshaus.

- Kein Tag in Schweden ohne *Fika*! Die tägliche Kaffee- und Kuchenpause ist eine super Erfindung und sogar in vielen Arbeitsverträgen verankert. Schöne Cafés: Vete-Katten (Traditionskonditorei), Drop Coffee (Clean Chic bei Kaffee-Enthusiasten), Helin & Voltaire (traumhaftes Jugendstilgebäude), Snickarbacken 7 (auch zum Shoppen!), Konditori Sturekatten (verwinkeltes Ömchen-Café), Café Pom & Flora (Kaviarsandwich zum Kaffee), Kafé Esaias AB (bester Drip-Coffee der Stadt).
- Im Vergnügungspark Gröna Lund spielen im Sommer Bands aller Genres (von den Cardigans bis Bryan Ferry, von Alice Cooper bis Patti Smith) auf der Freilichtbühne.
- Sean Naughton, der Concierge des Rival Hotels, bloggt unter stockholmtourist.blogspot.de. Seine Tipps sind topaktuell und besonders an den Feiertagen und in den Sommerferien hilfreich, wenn die Öffnungszeiten variieren und manche Einrichtungen geschlossen sind.

Mein Haus, mein Auto, mein Boot

Manchmal tauscht man mehr als nur die Wohnung

Christoph | Princeton, USA, Juni 2015
Zum dritten Mal gibt mir der Mann an der Mautstelle den Geldschein zurück.

»Vielen Dank, Sir, aber Sie müssen nichts bezahlen. Sie haben eine Easy-Pass-Plakette.«

»Nein, habe ich nicht.« Ich schüttele den Kopf. »Ich denke, das wüsste ich.«

Ratlos sehe ich zu Jessica rüber. Die zuckt auch nur mit den Schultern. Dann dämmert es ihr: »Das ist nicht unser Auto – und auch kein Mietwagen. Was wissen wir denn, was Anne und James für Plaketten haben?«

Natürlich. Wir sitzen in dem Auto, das uns unsere Tauschpartner überlassen haben. Offensichtlich haben die beiden keine Lust, jedes Mal nach Bargeld zu kramen, wenn sie den Highway benutzen. Und haben deshalb besagte Easy-Pass-Plakette.

»Ich äh ... verstehe. Stimmt, wir haben so ein ... Easy-Pass-Ding. Klar ... danke schön«, stammle ich, inzwischen knallrot angelaufen.

»Kein Problem, Sir. Gute Fahrt!«, entgegnet der freundliche Herr in seinem Kassenhäuschen. Als wir wegfahren, sehe ich ihn im Rückspiegel amüsiert den Kopf schütteln. Einerseits ist es toll, wenn man sich beim Haustausch manchmal so wohl und heimisch fühlt, dass man ganz vergisst, dass man in einem fremden Leben zu Gast ist und in einem fremden Auto sitzt. Andererseits führt es aber eben auch zu leicht peinlichen Resultaten.

Zu den vielen Vorteilen des Wohnungstauschs gehört, dass man oft auch das Auto der Tauschpartner mitbenutzen kann. Gerade in Ländern wie den USA, wo jeder, der es sich leisten kann, Auto fährt und der Nahverkehr deswegen meist schlecht ausgebaut ist, erspart das den Mietwagen. Auch abseits von Großstädten oder für größere Supermarkteinkäufe ist es natürlich extrem praktisch, ein Auto zur Verfügung zu haben.

Der Autotausch ist allerdings Verhandlungssache und nicht automatisch inbegriffen. Bei den meisten Plattformen wird man bereits beim Anlegen des eigenen Profils gefragt, ob man sein Auto mitanbieten möchte. Wem also nicht wohl dabei ist, der muss sein Auto nicht den Tauschpartnern überlassen. Und wer – so wie Jessica und ich – gar kein Auto besitzt, kann trotzdem mit Leuten tauschen, die ihr Auto anbieten. Als kleinen Ausgleich lassen wir unseren Tauschpartnern eine Monatskarte für die BVG da, mit der sie kostenlos Tram und S-Bahn fahren können.

Stellt man sein Auto zur Verfügung, bieten die meisten Plattformen eine separate Vereinbarung an, die man vorher ausfüllen und von der Gegenseite bestätigen lassen sollte. Darin kann man beispielsweise festlegen, ob das Auto auch für weitere Strecken und Ausflüge benutzt werden darf oder nur in einem bestimmten Kilometerradius. Auch Kontaktdaten für Werkstatt und Versicherung können dort eingetragen werden.

»Ob man sein Auto anderen überlassen darf, muss man unbedingt mit der Versicherung klären«, rät der Anwalt, der mir am Telefon geduldig zu all meinen Fragen Rede und Antwort steht. »Das ist bei jedem Versicherer anders. Falls Sie das Auto von Ihrem Tauschpartner benutzen, lassen Sie sich unbedingt bestätigen, dass dieser es mit seinem Versicherer besprochen hat. Sonst können Sie im Schadensfall selbst haftbar gemacht werden.«

Wir hatten bisher beim Tauschen nicht immer ein Auto. In Kopenhagen, Barcelona und Paris kamen wir beispielsweise sehr gut ohne aus. In Princeton, wo wir die skurrile Diskussion mit dem Mautkassierer hatten, gab es keine U-Bahn und nur ein paar selten verkehrende Busse. Dort wären wir ohne Auto nicht weit gekommen. In Oakland war das Auto zwar super, um zum Strand zu fahren. Wegen der Brücken dort standen wir aber oft stundenlang im Stau. Und in Australien durch den Linksverkehr zu steuern, war zuerst ein wenig beängstigend – zumal es sich bei dem Tauschauto um einen riesigen Jaguar S-Type handelte. Aber am Ende ging wie immer alles gut, und die Limousine brachte uns zuverlässig an die verschiedensten Strände und unsere Wocheneinkäufe nach Hause. Und wenn man neben dem Lebenstraum »Australien besuchen« auch gleich noch den Lebenstraum »im Jaguar zur Tankstelle fahren und dort ein Wassereis kaufen – einfach so, weil's geht« wahrmachen und von der *Bucket List* streichen kann, umso besser.

Mit allen Tauschpartnern, die uns ihr Auto überließen, haben wir vorher festgelegt, dass wir damit nur im Gebiet der jeweiligen Stadt unterwegs sein und für größere Touren einen eigenen Wagen anmieten würden. Das erschien uns nur fair, schließlich soll sich der Verschleiß des Autos durch die gefahrenen Kilometer in gewissen Grenzen halten. Das Auto am Ende wieder vollzutanken, gehört sich natürlich ebenso, wie es durch die Waschanlage zu fahren, auszusaugen und auch ansonsten wieder makellos zu hinterlassen.

Was wir bisher noch nicht ausprobiert haben: Wohnungstausch inklusive Boot. Gibt es allerdings auch: Auf home exchange.com beispielsweise finden sich allein in den USA über 500 Angebote mit Boot. In Großbritannien sind es immerhin noch 39, in Spanien 25 – vom kleinen Bötchen mit Außenborder bis hin zur stattlichen Jacht. Und wer gleich auf dem Boot wohnen will, kann auch das tun: Auf so gut wie allen Plattformen finden sich neben traditionellen Häusern und Apartments auch Hausboote zum Tausch. Leinen los!

Was tun, wenn's brennt?

Oder man die fremde Vase zerdeppert ...

Christoph | Djursholm, Schweden, Juni 2016
»Das Licht ist noch an«, sagt Jessica, als wir eines Abends während unseres Schwedentauschs aus dem uns überlassenen Golf aussteigen.

»Das geht bei den modernen Autos doch automatisch an und aus«, sage ich abgeklärt und gehe zum Haus. Meine Frau. Insgesamt schon super – aber halt null Ahnung von Autos und moderner Technik.

Als ich am nächsten Tag den Schlüssel rumdrehe ... passiert nichts. Niemand mag überhebliche Schlaumeier. Und der liebe Gott offenbar am allerwenigsten. Jessica hat die Größe, nichts zu sagen. Sie weiß, dass ich mir gerade auch ohne hämischen Kommentar bescheuert genug vorkomme. Wir wollten eigentlich zum Systembolaget fahren und dort Bier in den Einkaufswagen legen, das in etwa so viel kostet wie in Deutschland Champagner. Stattdessen rufe ich nun ein Taxi an, das uns Starthilfe geben soll. Während ich auf den Taxifahrer warte, kommt ein Nachbar-Ehepaar vorbei. Bisher haben wir uns nur nickend gegrüßt, diesmal sprechen sie mich an: »Wir haben gesehen, dass die Scheinwerfer des Autos noch an waren, aber wir wussten nicht, wem es gehört«, sagen sie auf Englisch. Ich bin froh, dass Jessica bereits wieder reingegangen ist und das nicht mitbekommt.

Der Taxifahrer kommt, wir klemmen das Starthilfekabel an die beiden Batterien unserer Autos, und der Schwedengolf springt tatsächlich wieder an. Große Erleichterung. Ich fahre eine Stunde die nahe gelegene Autobahn rauf und runter, um die Batterie wieder einigermaßen aufzuladen. So habe ich es zumindest gelernt. Doch als ich das Auto auf dem Parkplatz abstelle und probeweise nach einigen Minuten die Zündung betätige, springt es wieder nicht an. Verdammt! Habe ich jetzt das fremde Auto kaputt gemacht? Darf man diese neuen Kisten, die komplett computergesteuert sind, etwa nicht mehr mit einem Überbrückungskabel fremdstarten? Wenn Bier in Schweden so viel kostet wie in Deutschland Champagner und Champagner so viel wie ein Kleinwagen – was steht uns dann bevor, wenn ich die Elektrik des Autos gegrillt habe? Ich fluche in den schwedischen Nachthimmel. Der wird momentan dank *Midsommar* eh nicht richtig dunkel – wofür habe ich das verdammte Licht also überhaupt angemacht?

Am nächsten Tag rufe ich den Taxifahrer erneut an. Der Plan: Starthilfe und dann sofort zur Werkstatt fahren. Welche die richtige ist, habe ich mir von Malin und Bengt sagen lassen, nachdem ich ihnen das mit dem Auto gebeichtet habe. Sie wirkten recht entspannt, aber dennoch: In drei Tagen ist der Tausch zu Ende, und wir hatten ausgemacht, dass wir das Auto so am Flughafen abstellen, wie wir es vorgefunden haben. Bis dahin muss die Karre also wieder funktionieren!

Der Taxifahrer klingelt, wir fachsimpeln ein wenig herum, was das Problem sein könnte. Das heißt, er fachsimpelt und ich zucke mit den Schultern. Lichtmaschine kaputt? Vielleicht doch nur die Batterie? Etwas ganz anderes, für das er den englischen Begriff nicht kennt und ich den schwedischen nicht verstehe? Alles ist möglich.

Erneut bekommen wir das Auto durch Starthilfe zum Laufen – wenn das der Elektronik schadet, ist nach meiner Logik jetzt ohnehin alles zu spät. Schwitzend fahre ich zur Autowerkstatt, die etwa eine halbe Stunde entfernt liegt. Meine größte Angst: den Motor abzuwürgen und auf einer viel befahrenen Kreuzung liegen zu bleiben.

Auch bei der Werkstatt angekommen traue ich mich nicht, den Motor auszumachen. Vielleicht muss ich ja doch noch woanders hinfahren. Die Werkstatt ist natürlich keine kleine Hinterhofklitsche, sondern an ein Autohaus angeschlossen. Eine Art Palast aus Glas und Marmor. Schon klar: All der Luxus wird ja möglich gemacht durch horrende Reparaturrechnungen, die arme Teufel wie ich bezahlen müssen. Unruhig rutsche ich auf meinem Stuhl hin und her, während die Mechaniker den Wagen durchchecken. Dann die Erlösung: Es ist nur die Batterie. Nur im Sinne von: Sie muss ausgetauscht werden, und das ist immer noch so teuer, dass ich von dem Geld noch monatelang in Schweden hätte Champagnerbier trinken können. Aber immerhin habe ich nicht wirklich etwas kaputt gemacht und kann mit dem voll funktionsfähigen Auto nach einer weiteren halben Stunde wieder vom Hof fahren.

»Was, wenn die bei uns etwas kaputt machen?«, lautete eine der großen Fragen, die Jessica und mich vor unserem ersten Tausch beschäftigten. Schnell haben wir gemerkt: Selbst etwas kaputt zu machen ist tausendmal unangenehmer.

Als ich im Arbeitszimmer in Princeton eine kleine Glasvase vom Schreibtisch deppere, ahne ich zwar, dass es kein kostbares Stück aus der Ming-Dynastie war. Sie sieht aber auch nicht aus wie ein Standardstück von IKEA oder Walmart, das ich einfach am nächsten Tag nachkaufen kann. War das, was jetzt in Splittern vor mir liegt, ein Familienerbstück von hohem ideellen Wert? Oder nur ein Schnäppchen vom Flohmarkt? Unmöglich, das zu sagen. Aber: Der Fauxpas, der einem selbst Herzrasen verursacht, ist den anderen meistens herzlich egal. Zumindest bei Kleinkram: »Macht Euch keine Sorgen, ich weiß, welche Vase Ihr meint«, schreibt mir Tauschpartnerin Anne, als ich mein Missgeschick per E-Mail beichte. »Ich habe noch Dutzende davon auf dem Speicher.«

Als wir gerade in Barcelona durch den Park Güell spazieren, erreicht uns wiederum die Nachricht von Katharina aus unserer Berliner Wohnung. Sie ist untröstlich und entschuldigt sich mehrfach: Leider, leider, leider habe sie den Deckel einer unserer Tupperschüsseln kaputt gemacht. Wo sie einen solchen denn nachkaufen könne? Wir lachen kurz, dann nehmen wir ihr das Versprechen ab, dass sie bitte keine einzige Minute ihres Berlinurlaubs mit der Suche nach einem schnöden Tupperschüsseldeckel verbringen soll. »Ein bisschen Schwund ist immer« – das gilt nun mal auch für den Wohnungstausch. Hier geht mal eine Tasse zu Bruch, dort bekommt der Türrahmen eine Schramme. Ich schätze, dass unseren Gästen in unserer Wohnung ähnlich viel (oder wenig) herunterfällt wie uns, wenn wir zu Hause sind. Und umgekehrt vermutlich genauso.

Doch was ist, wenn wirklich etwas Größeres zu Bruch geht? Etwas, das man nicht mit einem Schulterzucken und einem nonchalanten »Schon in Ordnung« abtun kann oder will? Wenn ich zum Beispiel den riesigen Flachbildfernseher im fremden Wohnzimmer zu Fall bringe?

»Das ist ein klassischer Fall für Ihre Haftpflichtversicherung«, erklärt mir ein Rechtsanwalt, den ich gebeten habe, mir einmal die juristischen Seiten unserer Tauscherei aufzudröseln. »Denn Sie sind schließlich der Gast des anderen, auch wenn der nicht da ist.« Problematisch kann es höchstens werden, wenn man mit einem Amerikaner tauscht und der einen anschließend auf eine Million Dollar Schmerzensgeld verklagt, weil er aufgrund des kaputten Fernsehers den Super Bowl nicht anschauen konnte. Bei solchen Forderungen hilft die Haftpflicht nicht weiter: »Diese erstattet laut Deutschem

Versicherungsvertragsgesetz nur das, was nach deutschem Recht abdeckbar ist«, so die Auskunft des Experten.

Doch was passiert beispielsweise, wenn der Tauschpartner unser Badezimmer flutet, selbst aber nicht haftpflichtversichert ist – oder seine Versicherung sich querstellt? Greift dann meine eigene Versicherung?

Hier wird es schwierig, sagt der Anwalt: »Ihre Hausratversicherung greift in der Regel nicht bei Gästen. Und wenn doch, dann nur, wenn sie auch Ihren eigenen Sorgfaltspflichten nachgekommen sind. Also bei Gästen mit kleinen Kindern beispielsweise die teure Vase weggeräumt haben.«

Nun ist ja selbst ein kaputter Fernseher am Ende nur eine Frage des Geldes. Im Extremfall kann jedoch noch deutlich Schlimmeres passieren. Die Geschichte des amerikanischen Journalisten Zak Stone und seines Vaters zum Beispiel hat sich zwar während eines Aufenthalts in einer Airbnb-Unterkunft zugetragen. Sie hätte aber auch während eines Haustauschs passieren können: Vor einigen Jahren hatte sich Stones Familie über Thanksgiving in einem kleinen Häuschen in Texas eingemietet. Am Morgen des Feiertags setzte sich Stones Vater auf eine Schaukel, die an einem Baum im Garten des Hauses hing. Doch der brach. Er fiel dem Vater auf den Kopf. Hirntot wurde dieser ins Krankenhaus eingeliefert und verstarb kurze Zeit später. Während Hotels und Pensionen regelmäßigen Sicherheitsprüfungen unterzogen werden und Notausgänge und Rauchmelder nachweisen müssen, sind Privatunterkünfte deutlich weniger reguliert. So betrachtet sind die Orte, an denen man bei einer Airbnb-Buchung oder einem Haustausch übernachtet, nicht wirklich sicher.

Es muss ja nicht zum Schlimmsten kommen (von einem Haustausch mit Todesfolge haben wir noch nicht gehört), aber was ist, wenn ein Tauschpartner in meiner Badewanne ausrutscht und sich den Fuß bricht?

»Da gelten die allgemeinen Verkehrssicherungspflichten«, sagt der Anwalt in dieser Sprache, die nur Anwälte verstehen. »Wer einen Verkehr eröffnet, steht auch für die Sicherheit ein«, erklärt er mir – und als ich es immer noch nicht ganz kapiere: »Wenn Sie Ihre Wohnung für andere freigeben, müssen Sie die Bausicherheitsvorschriften erfüllen.«

Aber kann ich mich nicht darauf verlassen, dass meine Mietwohnung oder das Haus, das ich ja nicht an einer dunklen Straßenecke gekauft habe, diesen Vorschriften entspricht?

»Grundsätzlich ja«, sagt der Anwalt. »Aber es kann zum Beispiel eine Dachluke geben, die nicht gesichert ist – da müsste man gerade Eltern, die mit Kindern anreisen, vorher noch mal explizit darauf hinweisen.«

Die Frage nach der Kindersicherheit unserer Wohnung hatten Jessica und ich uns tatsächlich schon mal gestellt: Wir tauschen immer wieder mal mit Familien mit kleinen Kindern. Aber unsere Wohnung hat keine Kindersicherungen in den Steckdosen – und dass unsere Schränke und Regale alle hundertprozentig kippsicher sind, würde ich jetzt auch nicht garantieren wollen.

»Kindersicherungen sind keine Bauvorschrift«, erklärt mir der Anwalt auf meine Nachfrage. »Wenn Sie keine Kinder haben, brauchen Sie keine. Wenn Sie aber wissen, da kommt eine Familie mit zwei kleinen Kindern im Krabbelalter – dann fürchte ich, sind Sie mit verantwortlich.«

Sein Rat: Die Tauschpartner auf jeden Fall vorab und schriftlich über Dinge wie fehlende Kindersicherungen informieren und sich bestätigen lassen, dass diese damit einverstanden sind oder selbst entsprechende Sicherungen mitbringen. Wer ganz sichergehen wolle, so sein Vorschlag, der solle der normalen Vereinbarung über den Tausch (mit Zeitraum, etc.) noch einen Zusatz hinzufügen, dass beide Seiten darauf verzichten, die Tauschpartner rechtlich zu belangen.

Der Wäschetrockner spielt unser Lied

Am Ende ist einem eine Wohnung ans Herz gewachsen.
Entsprechend liebevoll sollte man sich von ihr verabschieden

Jessica | Sydney, Australien, Dezember 2016
»Komm, wir ziehen die Laufschuhe an.«

Christoph sieht skeptisch aus dem Fenster. Graue Wolken
kleben an den Hochhäusern von Downtown Sydney. Die Straßen glänzen nass. Vor sieben Stunden haben wir in Perth die
Tür hinter uns zugezogen – nicht ohne vorher noch dreimal in
jedes Zimmer zu schauen, damit wir ja nichts übersehen oder
vergessen.*

Zum Abschied haben wir auch den Jaguar shampooniert,
den wir in Perth benutzen durften. Haben ihn vom Sand der
besuchten Strände befreit und vollgetankt – und dabei festgestellt, dass so ein Jaguar säuft wie ein Elefant. Nun sind wir
wieder autolos. Für 73 Prozent der Deutschen wäre das laut
einer Forsa-Umfrage unvorstellbar. Uns gefällt es. Als kinder-
loses Paar kommt man in Berlin auch ohne eigenes Auto gut
klar. Wozu gibt es Nonstop-Nahverkehr und Carsharing-
Dienste? Wir müssen nie Parkplätze suchen und auch nicht
darüber nachdenken, was mit dem Auto passiert, wenn wir
verreisen. Für 77 Prozent der Deutschen bedeutet ein Auto

---

* Hat nicht funktioniert. Eine Woche später bekommen wir eine
E-Mail von unseren Tauschpartnern: ob die blauen Shorts Christoph
gehören? Zum Glück keine Unterhosen, sondern seine Bermudas.

Unabhängigkeit. Darauf zu verzichten kann aber ebenfalls eine Form der Freiheit sein. Das Gleiche gilt für das Designer-Sofa von Vitra oder die Bulthaup-Küche. Klar hätte ich die gerne zu Hause. Wer nicht? Aber was bringt es uns, darauf zu sparen?

Wenn es etwas gibt, das uns zuverlässig gute Laune macht, dann die Aussicht auf die nächste Reise. Wir leben doch auf dem schönsten aller Planeten, umgeben von Once-in-a-life-time-Orten. Reisen ist wie der Griff in eine Lostrommel, in der nur Hauptgewinne stecken. Und dass nichts so glücklich macht wie schöne Erlebnisse, ist sogar wissenschaftlich bewiesen.

Einer, der sich mit dem Glück auskennt, ist der US-Psychologieprofessor Thomas Gilovich von der Cornell-Universität in Ithaca. »Geld für Erfahrungen auszugeben, führt zu anhaltenderen Glücksgefühlen«, schreibt er in einem 2014 veröffentlichten Bericht. »Wir kaufen Dinge, um uns glücklich zu machen, was auch gelingt«, so Gilovich. Doch die Begeisterung hält nicht an. »Neue Sachen sind für uns erst aufregend, aber dann gewöhnen wir uns an sie.« Mit jedem Krümel zwischen den Kissen, jedem Nickerchen, das wir darauf machen, nutzt sich selbst der Reiz einer neuen Zwei-mal-drei-Meter-Luxus-Sitzlandschaft ab. Anders ist es mit tollen Erlebnissen: die Nacht mit den Eltern beim Zelten, der Interrail-Trip mit der Schwester, das Glastonbury-Festival, der einsame Strand auf Karpathos. Sie behalten auch noch Jahre später ihren Glanz. Strahlen vielleicht sogar noch mehr. »Unsere Erfahrungen prägen uns weitaus stärker als unsere materiellen Gegenstände«, schreibt der Psychologe und fasst zusammen: »Es liegt in Ihren Händen, das Geld, das Sie zur freien Verfügung haben, für Erfahrungen statt materielle Güter auszugeben. Nach wissenschaftlichem Kenntnisstand wird diese Entscheidung Sie signifikant glücklicher machen.«

Wir haben natürlich nicht aufgrund von wissenschaftlichen Studien mit dem Tauschen angefangen. Aber wir wären nach dem ersten vorsichtigen Test sicher nicht dabei geblieben, wenn der uns nicht großen Spaß gemacht hätte. Und auch, dass wir an unsere Tauschwochen in Perth noch ein paar Urlaubstage in Sydney gehängt haben, zahlt aufs Glückskonto ein. Wer weiß, wann wir das nächste Mal nach Australien kommen?

Der Abschied von Perth fühlte sich dennoch abrupt an. Normalerweise verbringen wir die letzten Tage vor der Abreise mit Packen, Aufräumen und Putzen. Bloß nichts vergessen – vor allem aber: bloß nichts einpacken, was nicht uns gehört!

Unser Freund Tobi musste sich nach einem mehrwöchigen Haustausch mit der Familie vor seiner Frau rechtfertigen: Nach der Rückkehr aus Argentinien hatte diese in seinem Koffer einen verdächtigen Leoparden-String-Tanga entdeckt. Da es nicht ihrer war, konnte es sich nur um den einer argentinischen Geliebten handeln, so ihre Schlussfolgerung. Sie sprach deswegen mehrere Tage nicht mit Tobi.

»Mit zwei Kindern ist das Packen einfach hektisch«, erzählte uns dieser später beim gemeinsamen Essen. »Ich habe alles, was an Kleidern rumlag, zusammengerafft. Der Slip gehörte wohl unserer Gastgeberin.« Eine Erklärung, mit der sich letztlich auch seine Frau zufriedengab. Den Slip zurückzuschicken, war den beiden dann aber doch zu peinlich. Zu ihrer Erleichterung meldeten die Haustausch-Partner das Höschen auch nicht als vermisst.

Dass der Abschied in Perth ein wenig kürzer war, liegt daran, dass Victoria und Alfie eine Putzfrau haben. Die wird unsere Spuren verwischen. Abhängig von der Dauer des Tauschs, beginnen wir sonst zwei bis drei Tage vor der Abreise damit, alles wieder in Ordnung zu bringen. Wir stocken die Lebensmittel auf, die wir verbraucht haben, und befüllen den Kühlschrank so weit, dass unsere Gastgeber nicht gleich nach ihrer Rückkehr gejetlagt zum Supermarkt fahren müssen. Außerdem besorgen wir ein kleines Dankeschön: Kekse und Tee aus ihrem Lieblingscafé. Oder Pralinen und Wein aus dem Delikatessenladen, den sie so mögen. Oder auch mal ein Buch, wie in Perth: britische Züge – Alfies Steckenpferd. Ein Haus verrät einem ja viel über die Vorlieben der Besitzer. Auch das Putzen ist für uns eine Art, uns bei unseren Gastgebern zu bedanken. Immerhin waren sie so großzügig, uns in ihr Leben zu lassen – nur fair, dass wir freiwillig wieder daraus verschwinden. Wischend und wienernd sagen wir dabei auch dem Haus *Adieu*. Mach's gut, Duschbad! *Farewell*, liebe Dachterrasse. War schön mit euch. Der Wäschetrockner spielt ein letztes Mal sein Alles-trocken-Lied für uns – Haushaltsgeräte in Übersee sind erstaunlich musikalisch. Warum muss in Deutschland alles immer so nüchtern und nutzwertig sein?

Ein Stück weit ist das Großreinemachen auch ein innerliches Entrümpeln: Mit dem Koffer hole ich aus der Kammer auch die Gefühle, die ich bei der Ankunft hatte. Die Unsicherheit, die Neugier, die großen Erwartungen und falschen Vorstellungen. Mit jedem Zimmer, das wir in Ordnung bringen, sortiere ich diese Erinnerungen ein. Mit jeder Tür, die wir schließen, trete ich wieder aus dem fremden Leben, das ich ausprobieren durfte, heraus. Ein bisschen ist das so, als würde ich einen Film rückwärts anschauen (der Weiße Hai spuckt so lange Schwimmer aus, bis der Polizeichef Martin Brody im Städtchen Amity einen Badestrand eröffnet). Nur sind wir nicht mehr dieselben, wenn wir die Haustür zuziehen. Sondern um viele glückliche Momente reicher. Noch mal mit dem hundsgemein schweren Staubsauger zu kämpfen oder die Einkaufstüten in die sechste Etage zu schleppen wirkt nebenbei ganz prima gegen die aufsteigende Melancholie. Zu Hause ist es doch auch ganz schön.

Aber erst noch ein Zwischenstopp in Sydney. Wir traben in unseren Laufklamotten an den Passanten vorbei in Richtung des Botanischen Gartens. In Perth ist es noch Nachmittag. Hier setzt gerade die Dämmerung ein. Die Luft ist feucht und warm, nicht so trocken wie an der Westküste Australiens.

»Schau mal!« Ich deute nach oben.

Ein Flughund segelt mit weiten schwarzen Lederschwingen über unsere Köpfe. Hinter den Palmen ist das Meer zu sehen und ein gigantischer cremefarbener Fächer: das Dach der Oper, beleuchtet von der Abendsonne.

»Ganz schön schön hier«, sage ich, atemlos vom Laufen und Staunen. Wir sind noch nicht mal zu Hause, und ich bin innerlich schon wieder auf Entdeckerkurs. »Vielleicht kommen wir nächstes Jahr mal für länger her?«

TEIL IV
NACH DEM TAUSCH

Zu Hause ist es doch … irgendwie anders

Von offenen Wohnungstüren, umgedrehten Kaffeetassen
und versteckten Hochzeitsfotos

Christoph

Die aufregendsten Momente der ganzen Tauscherei haben
immer mit Türen zu tun: Wir atmen tief durch, bevor wir die
eigene Tür bei der Abreise hinter uns zuziehen. Wir sind gespannt und aufgeregt, bevor wir die Tür zu unserer neuen,
vorübergehenden Bleibe öffnen. Und wir sind ein bisschen
ängstlich, wenn wir nach unserer Rückkehr aus dem Aufzug
steigen und wieder vor unserer eigenen Wohnungstür stehen.
Wird uns dahinter unser vertrautes Zuhause erwarten? Oder
ein paar leere Räume und ein Zettel, auf dem »Vielen Dank,
ihr Trottel!« steht? Ein paar verkohlte Überreste von dem,
was mal unsere Wohnung war? Oder irgendeine andere un-
angenehme Überraschung? »Sie müssen uns glauben, Herr
Wachtmeister, wir haben keine Ahnung, wie diese Leiche, die
sieben Murmeltiere und das Bernsteinzimmer in unserer
Abwesenheit hierhergelangt sind …«

Ich erinnere mich noch gut an die Rückkehr von unserem
ersten Tausch. Wir hatten Ella und Martin nie getroffen, bei
unserem Skype-Gespräch wirkten sie aber sehr nett. Alles
nur Fassade? Vorsichtig schloss Jessica die Tür auf. Es kommt
jetzt vielleicht komisch rüber – aber das Erste, was mir auf-
fiel, war: »Stimmt, so riecht unsere Wohnung!« Ich meine damit natürlich keinen Mief (oder hoffe zumindest, dass nicht

alle Menschen außer uns, die unsere Wohnung betreten, es als Mief empfinden). Sondern diesen schwachen, aber individuellen Geruch, den jede Wohnung, den jedes Haus hat. Der sich vermutlich aus den im Einsatz befindlichen Putzmitteln, dem Bodenbelag, den Holzsorten der Möbel, den verwendeten Parfums und Dutzenden sonstiger Faktoren zusammensetzt. Und den man irgendwann nicht mehr wahrnimmt, wenn man dort täglich ein und aus geht. Aber an den man sich erinnert, wenn man wieder an einen Ort zurückkehrt.

Okay, zumindest der Geruch war also noch der alte. Ich ging von Zimmer zu Zimmer, darum bemüht, nicht nervös oder ängstlich zu wirken. Sondern möglichst abgeklärt und lässig. Pffft, hat halt jemand hier gewohnt. Was ist schon dabei? In Wirklichkeit suchten meine Augen jedoch alles nach Veränderungen ab. Was fehlte? Was war beschädigt? Schmutzig? Nach einer Weile fand ich mich mit Jessica, die die Zimmerrunde in einer anderen Reihenfolge absolviert hatte, im Wohnzimmer wieder.

»Alles wie vorher, oder?«, fragte sie.

»Alles wie vorher.«

»War ja klar, oder?«, fragte Jessica, ebenso um Lässigkeit bemüht wie ich.

»War klar«, sagte ich. »Aber irgendwie bin ich trotzdem ganz schön erleichtert.«

Auf dem Wohnzimmertisch stand eine Flasche Wein, daneben lagen ein Brief, in dem sich Ella und Martin für die schönen Tage in unserer Wohnung bedankten, eine Zeichnung von ihrem kleinen Sohn und unsere Fahrrad- und Briefkastenschlüssel. So, wie sich die Begrüßungsnachrichten je nach Tauschpartner unterschieden, variierten auch die Nachrichten, die wir vorfanden, wenn wir nach Hause kamen. Mal lag da eine kleine Dankesnotiz. Mal stand der ganze Tisch voll mit Bieren verschiedener Brauereien und Backförmchen. »Wir hatten das Gefühl, Ihr backt gerne und mögt Bier«, stand auf einem Zettel. »Vielen Dank für die tollen Wochen in Eurer Wohnung!«

Was die Sauberkeit angeht, konnten wir uns bisher auch nie beklagen. Obwohl wir selbst vor der Abreise stets versucht hatten, auch noch den letzten Staubfitzel aus der hintersten Ecke zu verbannen (siehe Kapitel »Wohnungstausch ist wie Frühjahrsputz«), bekamen wir unsere Wohnung jedes Mal noch sauberer zurück, als wir sie hinterlassen hatten.

Ein einziges Mal gab es jedoch so etwas wie einen kurzen Heimkehrschock: Als wir nach dem Tausch mit dem freundlichen Wirtschaftsprofessor aus Princeton und seiner Frau nach Hause zurückkehrten, fanden wir unsere Wohnungstür nur angelehnt vor. Nachdem wir die beiden in den USA kennengelernt hatten und ich keinerlei Vermutung hegte, dass sich ein Princeton-Professor sein Gehalt durch das Ausräumen von Wohnungen deutscher Lohnschreiber aufbessern muss, blieb nur eine Möglichkeit: Einbrecher!

Ich bedeutete Jessica wortlos, im Treppenhaus zu warten. Die Geste dafür hatte ich mir in diversen Spionage- und Militärfilmen abgeschaut. Ich griff mir eine schwere Stabtaschenlampe aus einem Schränkchen im Flur und fing an, durch die Wohnung zu schleichen. Dabei schaute ich ruckartig hinter jede Ecke und jede Tür, die schwere Taschenlampe zum Schlag bereit erhoben. Auch das glaubte ich, in Filmen so gesehen zu haben. Doch außer uns war niemand da. Unsere Computer standen noch auf ihren Plätzen, und auch sonst schien nichts zu fehlen oder durchwühlt worden zu sein.

Ich holte Jessica in die Wohnung. Ratlos standen wir vor der Pralinenpackung und dem fröhlichen Brief, den uns die Princetoner hinterlassen hatten: Alles super, vielen Dank! Willkommen zu Hause, so die Quintessenz. Offensichtlich hatten die beiden bei ihrer Abreise die Tür einfach nicht richtig hinter sich zugezogen – vielleicht, weil sie in Eile waren.

»Vielleicht hat auch ein Einbrecher die Tür geknackt, fand unsere Sachen aber zu schäbig und ist wieder abgezogen«, schlug Jessica vor.

»Sehr witzig«, entgegnete ich. Insgeheim froh, dass zwischen der Abreise der Amerikaner und unserer Rückkehr nur ein paar Stunden lagen. Zumindest stand die Wohnungstür nicht tage- und nächtelang offen.

Abgesehen von diesem kurzen Schockmoment ist es aber insgesamt eher skurril, wie wenig Spuren die Menschen hinterlassen, die manchmal über Wochen bei uns zu Gast sind. Vergessen hat bisher noch nie jemand etwas. Das Ungewöhnlichste, was bisher zurückgelassen wurde, war eine zu neunzig Prozent volle Flasche Pfefferminzschnaps, die wir im Kühlschrank fanden. Wer auch immer sie unseren Tauschpartnern als »typisch deutsche Spezialität« andrehen konnte – richtig gut scheint das Getränk nicht angekommen zu sein.

Manchmal finden wir in den Tagen nach unserer Heimkehr vereinzelte Spuren und Hinweise darauf, wie unsere Tauschpartner ihre Zeit verbracht haben: Vielleicht ist ein Buch aus dem Regal in den Stapel auf dem Nachttisch gewandert. Oder Netflix fragt, ob wir eine Serie weiterschauen wollen, die wir nie angefangen haben – aber offenbar unsere Gäste.

Auch unsere allerersten Tauschpartner aus Kopenhagen hinterließen keine Spuren. Fast keine. Den einzigen Hinweis, dass jemand während unserer Abwesenheit in unserer Wohnung gelebt hatte, fand ich am Morgen nach unserer Heimkehr: Ich wollte zwei Tassen aus dem Küchenschrank nehmen, aber irgendetwas war anders. Es dauerte einen Moment, bis ich daraufkam: Die Tassen standen falsch herum. Also »falsch« im Sinne von »anders herum, als Jessica und ich sie einräumen«. Nämlich mit der Öffnung nach unten. Nach unten! Das muss man sich mal vorstellen. Und da soll noch jemand sagen, beim Wohnungstausch kann man keine Abenteuer erleben.

Na, wie waren wir?

Christoph
Bewertungen haben eine uralte Tradition: Schüler bekommen
Noten, Hotels werden mit Sternen klassifiziert, ein Gutachter
schätzt den Wert eines Grundstücks ein. Doch das Internet hat
die Zahl der Bewertungen und Bewertungsmöglichkeiten un-
endlich vervielfacht. Wer einen Fernseher kaufen will, kann
Dutzende Testberichte lesen und Bewertungen anderer Kunden in verschiedenen Onlineshops vergleichen. Und nach dem
Kauf kommt mit Sicherheit eine E-Mail des Händlers: »Bitte
bewerten Sie unseren Shop!«
Der Friseur an der Ecke: acht von zehn Punkten bei Foursquare. Das Hotel für den nächsten Urlaub: eine Viereinhalb
bei TripAdvisor. Der neue Staubsaugerroboter: vier Sterne bei
Amazon. Ganz klar: Wir leben in einer Bewertungsgesellschaft.
Denn im Gegensatz zu früher, als Bewertungen noch Autori-
täten vorbehalten waren – wie eben dem Lehrer, dem Hotel-
tester oder dem Gutachter –, bewertet heute jeder. Gleichzeitig
verteilen wir nicht nur Sternchen für Produkte und Dienstleis-
tungen, sondern erhalten im Gegenzug auch selbst immer
häufiger welche. So auch beim Haus- und Wohnungstausch.
Dort bewerten sich nach abgeschlossenem Tausch beide Parteien gegenseitig. Das muss man mögen. Denn grundsätzlich
ist es natürlich angenehmer, als Kunde nach eigenem Gut-

dünken Punkte oder Sterne zu verteilen. Es macht Spaß und tut gut, Lob zu spenden oder seinem Ärger Luft zu machen. Am anderen Ende dieser Rückmeldung zu sitzen und sich sagen zu lassen, wie man war – nun, das kann schon deutlich unangenehmer sein.

Verglichen mit der Vermietbörse Airbnb sind die Bewertungen auf den meisten Haustausch-Portalen jedoch relativ harmlos und diskret. Während bei Airbnb einzelne Kriterien wie »Kommunikation«, »Lage« oder »Sauberkeit« öffentlich mit einem bis fünf Sternen bewertet werden, gleicht das Feedback auf den meisten Haustausch-Börsen eher Gästebucheinträgen. Man bestätigt, dass man mit der betreffenden Person getauscht hat, und schreibt in ein paar Sätzen, wie es war. Eine detaillierte Beurteilung darüber, wie sauber es im hintersten Kühlschrankfach war, ist nicht erforderlich.*

Ich finde diese Art von Mittelweg genau richtig. Dadurch, dass vergangene Tausche grundsätzlich bestätigt werden, bekommt man eine gewisse Sicherheit. Man kann zum Beispiel davon ausgehen, dass jemand, der mehrere solcher Gästebucheinträge vorweisen kann, tatsächlich existiert und nicht das Scherzprofil eines dreizehnjährigen Spaßvogels ist. Da sitzt niemand gelangweilt in seinem Kinderzimmer und macht sich einen Jux daraus, Leute anzuschreiben, die dann teure Flüge buchen, um zu Häusern zu fliegen, die gar nicht existieren. »Die Währung, die die Sharing Economy antreibt, ist Ver-

---

* Bei der Plattform HomeLink wird im Bewertungsformular noch etwas detaillierter abgefragt, wie zutreffend die Onlinebeschreibung und wie sauber das Haus oder die Wohnung beim Eintreffen war. Dieses Feedback wird allerdings nicht veröffentlicht, sondern nur dem Tauschpartner sowie auf Wunsch der Organisation weitergeleitet, um »das Netzwerk kontinuierlich zu pflegen und die Qualitätstandards zu halten«, wie es auf der Webseite heißt.

trauen«, sagt beispielsweise auch Mario Capizzani, der sich an der IESE Business School in Barcelona mit dem Thema Onlinebewertungen beschäftigt. »Und Bewertungen in beide Richtungen helfen, dieses Vertrauen herzustellen – denn sie verdichten Informationen und verringern Unsicherheit.«

Gleichzeitig sind die Bewertungen nicht so detailliert, dass man sich in seiner Privatsphäre verletzt fühlen muss, weil andere Leute öffentlich auf einer fein abgestuften Skala darüber urteilen, wie gut man geputzt hat. Auch als Bewertender finde ich eine Fünf-Sterne-Skala für jedes Detail gar nicht immer so hilfreich, wie diese zunächst vielleicht erscheint. Denn wo verläuft zum Beispiel die Grenze zwischen einer Drei-Sterne- und einer Vier-Sterne-Kommunikation? Ist die Tatsache, dass jemand den unattraktiven Hobbykeller auf seinen Fotos weggelassen hat, nun ein Grund für einen Stern Abzug? Oder sogar zwei? Warum kann man nicht dreieinhalb Sterne vergeben? Oder ist es nicht eher egal? Ich muss ja nicht im Hobbykeller herumsitzen, wenn der meinen ästhetischen Ansprüchen nicht genügt. Außerdem macht es meiner Meinung nach einen signifikanten Unterschied, ob ich als zahlender Kunde eine Dienstleistung bewerte oder am Ende eines Tauschs die Person, mit der ich mich ein Stück weit angefreundet habe.

Als Kunde können Bewertungen Sinn machen. Wenn beispielsweise ein Hersteller verspricht, sein Akku halte vier Stunden, sämtliche Bewertungen aber zu dem Ergebnis kommen, er halte höchstens eine oder zwei, dann ist das für alle anderen Kunden eine hilfreiche Ergänzung. Aber sollte es jemals dazu kommen, dass ich jemandem, in dessen Haus ich eine Woche oder einen Monat lang leben durfte, hinterher dafür öffentlich bloßstelle, dass die Bushaltestelle nicht fünf Minuten von diesem Haus entfernt ist, sondern zehn – dann möge man mir bitte sofort die Computertastatur und den Internetanschluss wegnehmen.

Natürlich kann es vorkommen, dass es ernsthafte Probleme gibt (siehe Kapitel »Kalte Füße und andere Katastrophen«). Wir haben es, wie gesagt, noch nie erlebt – und auch nicht von anderen gehört –, dass Tauschpartner etwas kaputt gemacht hätten, das wertvoller als eine Kaffeetasse war. Oder dass jemand ein komplett versifftes Haus übergeben hätte. Aber sollte tatsächlich so etwas passieren, wäre es vielleicht besser, dies direkt mit dem Tauschpartner zu klären – oder im Fall von dessen Sturheit mit der Tauschplattform. Das bringt mit Sicherheit mehr, als hinterher eine patzige Beurteilung zu hinterlassen.

Ein Wohnungstausch bedeutet selbstverständlich nicht, dass man sich alles gefallen lassen und alles klaglos hinnehmen muss, was einem nicht gefällt. Aber ein Stück weit erfordert er, sich darauf einzulassen, wie andere Menschen in anderen Ländern leben. Das Badezimmer in Kopenhagen war – wie schon erwähnt – eher winzig. Aber so stand es auch in der Beschreibung. Es wäre albern, sich durch eine negative Bewertung darüber zu beklagen. Am Ende ist alles eine Frage der Perspektive: Hausbesitzer aus einer amerikanischen Vorstadtsiedlung finden unser Bad vermutlich eher etwas beengt. Wer aus einem Apartment in Manhattan zu uns kommt, freut sich dagegen wahrscheinlich über den – für New Yorker Verhältnisse – großen Balkon. Wenn in Australien mehrmals pro Woche eine Kakerlake durch das Haus wetzt, ist das normal und kein Grund für eine Beschwerde. Besser, man gewöhnt sich daran.

Das Ende vom Lied: Man sollte sich nach dem Tausch nicht benehmen wie ein Feudalherr, der über die Qualitäten seines Personals urteilt.

Aber Bewertungen können nützlich sein. Als Jessica und ich uns beispielsweise bei einer zweiten Haustausch-Plattform anmeldeten, bekamen wir dort zunächst weniger Anfragen als bei der ersten – was daran gelegen haben könnte, dass wir eben vermeintlich keine Tauscherfahrung vorweisen konnten. Doch als wir auf unser Profil bei der ersten Plattform und auf die Kommentare unserer vergangenen Tauschpartner verwiesen, erhöhte sich die Anzahl der Zuschriften plötzlich stark. So wichtig aber ein paar positive Bewertungen auf der jeweiligen Plattform auch sein mögen – das größte Lob sieht anders aus: Denn nichts freut das Haustauscher-Herz so sehr wie eine E-Mail ein paar Tage oder Wochen nach dem Tausch, in der steht: »Wenn Ihr irgendwann mal wieder mit uns tauschen wollt – meldet Euch gerne!«

Mailand oder Madrid? Hauptsache Italien!

Warum wir noch viele, viele Male tauschen wollen

**Christoph & Jessica | High Wycombe, England,
Februar 2017**

Aus dem Morgennebel kommen Schafe über das Feld herangetrabt. Sie kommen bis an den Zaun unseres Gartens: runde, wollige Körper auf kleinen Stummelbeinen. Auf dem Feld, das sich hügelabwärts bis zu einem nahe gelegenen Wald erstreckt, ist nach dem Winter noch nicht viel Futter zu holen. Unter einer noch jungen Kiefer stellen sich die Schafe deshalb auf die Hinterbeine und versuchen, ein paar von den Nadeln und Trieben abzuknabbern. So richtig gut klappt es mit dem Stehen auf zwei Beinen allerdings nicht. Sie plumpsen meist auf eines der anderen Schafe – was dieses wiederum gar nicht lustig findet. Wie unter kleinen Ziegenböcken wird nun gerangelt und geschubst, geschoben und geknufft. Wir amüsieren uns, während wir hinter der Scheibe der Terrassentür im gemütlich warmen Wohnzimmer sitzen. Neben uns jeweils eine dampfende Tasse Tee – schließlich sind wir in England. An den Füßen Hausschuhe (von zu Hause mitgebracht). Spießiger geht es wahrscheinlich kaum. Angenehmer allerdings auch nicht.

Begonnen haben wir unser Buch über die Erlebnisse als Wohnungstauscher unter der heißen Sonne Australiens. Die letzten Seiten verfassen wir in England, wo sich der Frühling erst langsam vortastet. Wo die Nächte noch neblig sind und die

Bäume kahl. Trotzdem ist es hier in High Wycombe, rund eine halbe Stunde nordwestlich von London, wunderschön. Neben dem beschriebenen Schafspektakel gibt es auch sonst eine Menge zu sehen: Rotmilane kreisen über unserem Haus. Sie haben in einer der ausgewachsenen und knapp zehn Meter hohen Kiefern ein beachtliches Nest gebaut und schweben majestätisch über der Landschaft, nur mit kleinen Steuerbewegungen ihrer breiten Schwanzfedern den Kurs verändernd. Ihr lang gezogenes Pfeifen wechselt sich ab mit dem Zwitschern von Rotkehlchen und Meisen, Zaunkönigen und Dohlen, die sich an Vogeltränke und Futterstation stärken. Ab und zu schleicht eine pechschwarze Katze durch das Gras. Ihre Sprünge nach den Vögeln gehen jedoch ins Leere – zumindest, solange wir dabei zusehen. Doch unsere Aufmerksamkeit wird schnell abgelenkt: Da, wo vorher noch die Schafe ihre Hälse nach den grünen Nadeln reckten, rennt jetzt ein Fasan übers Feld. Mal ehrlich: Wer braucht bei so einem Programm einen Fernseher?

Den Schlüssel für das Haus haben wir diesmal auf eher ungewöhnlichem Weg erhalten: Andrew, der Sohn unserer Tauschpartner, arbeitet am Flughafen. Nach unserer Landung trafen wir uns mit ihm, und er händigte uns die Schlüssel für das Haus und das Auto sowie die Parkkarte aus, mit der wir das Flughafenparkhaus verlassen konnten. Für ein persönliches Treffen mit seinen Eltern hatten sich unsere Zeiten weder in London noch in Berlin genug überschnitten. Doch auch so war es eine sehr komfortable und zugleich freundliche Begrüßung.

»Früher war ich oft mit dabei, wenn meine Eltern getauscht haben«, sagt Andrew. »Genießt euren Aufenthalt!«

Dann machen wir uns auf den Weg – den Linksverkehr sind wir immerhin aus Australien noch einigermaßen gewohnt.

Tagsüber sitzen wir beide nun vor der herrlichen Kulisse aus Feldern, Schafen und Fasanen, die direkt aus einem Agatha-Christie- oder Patricia-Highsmith-Roman stammen könnte, und schreiben. Oder versuchen es: Denn ständig klingelt es an der Tür. Eine Nachbarin, die sich entschuldigen will: Vor zwei Tagen ist sie an Angus, unserem Tauschpartner, vorbeigefahren, als dieser an der Bushaltestelle stand – und hat nicht gegrüßt!

»Ich war in Eile, deshalb konnte ich nicht anhalten«, begründet sie ihr Verhalten, nachdem wir ihr die Sache mit dem Haustausch erklärt haben.

»Werden wir ihm ausrichten«, versprechen wir.

Kurze Zeit später kommt die Nachbarin von gegenüber und bittet um Verständnis. Ihr 400 Jahre altes wunderschönes Natursteinhaus wird gerade saniert. Neben diesen Entschuldigungsbesuchen klingelt auch noch der Gasableser sowie zwei weitere Nachbarn.

»Carol und Angus sind hier im Ort sehr engagiert«, erklärt einer von ihnen. Angus, so stellt sich heraus, leitet zum Beispiel den örtlichen Klub für Weinafficionados. Carol ist in der örtlichen Bücherei aktiv, und jeder hier im Ort kennt die beiden.

»Meinst du, die kommen alle vorbei, um zu schauen, wer die Deutschen sind, die jetzt vorübergehend hier wohnen?«, fragt Jessica.

Ein weiterer Besuch, der uns fast umhaut: Der Milchmann klingelt zwar nicht, als er vorbeikommt, aber er stellt eine Flasche mit frischer Milch vor die Tür. Kaum zu glauben, dass es so etwas noch gibt. Aber wir bilden uns ein, dass die Milch besser schmeckt als jede, die wir bisher jemals in einem Supermarkt gekauft haben.

Abends gehen wir ins nächstgelegene Pub. Aber selbst »nächstgelegen« bedeutet in diesem Fall einen Fußmarsch von rund zwanzig Minuten über eine größtenteils stockdunkle

Landstraße. Es gäbe auch eine Abkürzung über Felder und einen Golfplatz – aber dort ist es erstens noch dunkler, und zweitens hat der Regen in den letzten Tagen für viel Schlamm und tiefe Pfützen gesorgt. Wir bleiben auf der Straße.

Als wir im gemütlichen Pub mit niedriger Decke und voll besetztem Tresen ankommen, sehen wir, dass wir nicht die Einzigen sind, die für ihr Bier einen mittleren Fußmarsch auf sich genommen haben: Mindestens die Hälfte der Gäste trägt kniehohe Gummistiefel, eine ältere Dame hat eine Taschenlampe auf den Tisch gelegt. Diese ist in etwa so groß wie eine Handtasche, hat einen Henkelgriff und wiegt sicherlich mehrere Kilo. Das Essen ist angemessen bodenständig: Wir essen die obligatorischen *Chips*, die hier keine Kartoffelchips mit Paprikageschmack sind, sondern Pommes frites. Und dazu *Welsh Rarebit*, eine Art Toastbrot, mit Senf bestrichen und Käse überbacken. Mit Sicherheit keine Sterneküche, aber nach einer Wanderung durch die Nacht absolut köstlich.

Normalerweise ist einer der großen Vorteile des Tauschens ja, dass man sich selbst verpflegen kann und dadurch Geld für Restaurantbesuche spart. Die Küche von Carol und Angus ist allerdings so unfassbar sauber, dass wir uns kaum trauen, darin zu kochen. So eine blitzblank geputzte und bis in den hintersten Schrank akkurat aufgeräumte Küche haben wir in den letzten Jahren noch nie vorgefunden. Vielleicht suchen wir aber auch nur eine Entschuldigung, statt in den Supermarkt zu gehen und uns an den Herd zu stellen, lieber abends zum Pub zu spazieren. Wir sind ja nur eine Woche hier. Nur. Lustig, wie verwöhnt wir inzwischen von unseren langen Aufenthalten in der Fremde sind: Eine Woche erscheint uns mittlerweile fast zu wenig. »Das lohnt sich ja kaum«, denken wir manchmal, wenn eine Anfrage für einen Tausch reinkommt. Dabei ist in einer Woche natürlich eine Menge zu sehen und zu erleben, selbst wenn man nebenher noch arbeitet.

So joggen wir zum Beispiel an den prächtigen Ländereien des »National Trust«, der britischen Organisation für Denkmalpflege und Naturschutz, vorbei. Bestaunen die weitläufigen Parks und die Anwesen von West Wycombe Estate und Hughendon Manor. Und machen einen Ausflug nach London, das mit dem Pendlerzug in nur einer halben Stunde erreichbar ist. Dort ist der Frühling schon ein klein wenig mehr ausgebrochen als bei uns auf dem Land. Wir schippern die Themse hinauf und hinunter, besuchen die Tate Modern und erfüllen uns einen lang gehegten Wunsch, als wir in einem der Restaurants des israelisch-britischen Kochs Yotam Ottolenghi zu Abend essen, dessen diverse Kochbücher sich bei uns zu Hause in Berlin im Küchenschrank stapeln.

Wie immer macht es uns sehr froh zu lesen, dass sich die Briten in unserer Wohnung ebenfalls wohlfühlen und Berlin erkunden – teilweise mit unseren Tipps. »Wir haben Kuchen im ›SowohlAlsAuch‹ gegessen«, schreiben sie zum Beispiel. »Eine tolle Empfehlung – aber nächste Woche müssen wir auf Diät gehen!«

Angus engagiert sich, wie wir erfahren, nicht nur im örtlichen Weinklub, sondern ist auch ein Whiskykenner. Angetan äußert er sich über unsere bescheidene Sammlung schottischer Single Malts: »Ich bin sehr beeindruckt. In meiner Garage stehen zwei seltene Abfüllungen von schottischen Destillerien, die ich bereits geöffnet habe. Ihr könnt gerne davon kosten.«

Wir bieten im Gegenzug natürlich sofort an, dass er auch probieren darf, was unsere Hausbar so hergibt. Hochprozentige Völkerverständigung über Hunderte von Kilometern entfernt – was ist der Wohnungstausch nur für eine zivilisierte und noble Errungenschaft!

In der Garage befindet sich außer den Whiskyvorräten, der Waschmaschine und den obligatorischen Kistchen zur Mülltrennung auch noch ein ganz besonderes Juwel: ein Morgan Roadster. Das britische Familienunternehmen fertigt nur rund 800 Autos im Jahr, wobei man ausnahmsweise mal wieder Automobil sagen muss, um den motorisierten Schmuckstücken gerecht zu werden. Wir bestaunen das dunkelblaue Cabrio natürlich nur respektvoll aus der Ferne, denn es ist nicht Teil der Tauschvereinbarung – und wir hätten ohnehin zu viel Angst, eine Schramme reinzumachen.

Nach dem Abendessen im Pub setzen wir uns meistens noch ins Wohnzimmer vor den Kamin. *Jolly old England!* Es sind diese Momente der Ruhe und des Innehaltens, in denen wir merken, was uns das Haustauschen inzwischen bedeutet. Wie sehr es unser Leben verändert und bereichert hat.

Fast immer bringen wir von unseren Reisen neue Gewohnheiten oder Vorlieben mit. Die Leidenschaft für die *Fika*-Kaffeepause und Kardamom-Gebäck aus Schweden zum Beispiel – und das Froschlied als regelmäßig wiederkehrenden Ohrwurm. Oder das Suero-Rezept aus Oaxaca. Eine neu gewonnene Begeisterung für das Bahnenschwimmen (bei Christoph) und für frisch gemahlene Kaffeebohnen (bei Jessica) aus Australien. Christoph hätte das Buch »Telegraph Avenue« von Michael Chabon vermutlich nicht gelesen, wenn er es nicht im Regal eines Tauschpartners gesehen und es sich nach der Heimkehr gekauft hätte. Und Jessica hört via Internet immer noch den Radiosender KCRW, der sie an unseren kalifornischen Sommer erinnert.

Was wir nur erstaunlich selten mit nach Hause bringen: klassische Souvenirs. Aus Mexiko nahmen wir einen heulenden, bunt bemalten *Alebrijes*-Wolf aus Holz und einen Überwurf für unser Gästebett mit. Sonst sind es jedoch eher Eindrücke und unvergessliche Szenen, die uns begleiten. Vielleicht, weil Mitbringsel die Entschlackungskur, die wir unserer Wohnung verordnet haben, wieder zunichtemachen würden.

Vielleicht, weil wir gemerkt haben, dass wir nicht unbedingt Dinge als Erinnerungen brauchen. Und dass wir, wenn uns die Sehnsucht nach der Ferne überkommt, lieber wieder losfahren, anstatt melancholisch ein Souvenir der letzten Reise in die Hand zu nehmen.

Das Schöne ist: Das Haustauschen anzufangen, es zu lernen und es schließlich zu einem großen Teil unseres Lebens zu machen, war gar nicht schwer. Es hat keiner grundlegenden Entscheidung bedurft, sondern war eher ein schrittweises Ausprobieren. Ein Ausloten, wo unsere Vorlieben, aber vielleicht auch unsere Grenzen liegen. Der einzige Aufwand: das Erstellen der Onlineprofile, das Ausmisten der Wohnung vor dem ersten Tausch und das regelmäßige Hin- und Herschreiben vor jedem neuen Abenteuer. Aber nichts davon fühlte oder fühlt sich so richtig wie Arbeit an. Und gleichzeitig ermöglicht es uns ein Leben, von dem viele andere Menschen träumen. Dabei steht es im Grunde jedem offen. Denn man braucht dafür weder viel Geld noch ein luxuriöses Tauschobjekt in Form einer Villa am Comer See. Es genügt die Bereitschaft, sich auf etwas zunächst Ungewohntes einzulassen. Seine Komfortzone zumindest einmal testweise zu verlassen – und dann vielleicht zu merken, dass diese Zone größer und flexibler ist, als man gedacht hat.

»Wo tauschen wir uns als Nächstes hin?«, überlegen wir, gemeinsam auf der Couch liegend. »Lassen wir uns überraschen, oder?«

Bisher haben uns die Orte, an die es uns verschlagen hat, ausnehmend gut gefallen. Die nächsten Stationen stehen ohnehin schon fest: In einem Vierteljahr geht es für drei Wochen ins kanadische Calgary. Und im Sommer steht das Rückspiel des Dreieckstauschs an: Die Australier, in deren Haus wir den Dezember verbringen durften, kommen zu uns nach Berlin – und wir wohnen dafür in Turin. Bei der fröhlichen italienischen Familie, die im Winter bei uns war und uns die selbst gemalten Bilder und den Glücksstein hinterlassen hat. Danach? Mal sehen. Christoph hat es das spanische Valencia angetan, wo er neulich ein paar Tage verbringen durfte und das er gerne noch einmal ausführlicher erkunden würde. Auf Jessicas Wunschliste steht London relativ weit oben: eine Stadt, in der wir beide schon öfter für ein Wochenende oder ein paar Tage waren, aber in der wir wahnsinnig gerne einmal länger sein würden. Dort wohnen, dort leben, statt »nur« Urlaub zu machen – eben das, was durch einen längeren Wohnungstausch möglich ist und uns so an dieser Art des Reisens gefällt. Natürlich wäre auch ein Tausch mit einer der Regionen toll, die auf den Onlineplattformen unterrepräsentiert sind: Afrika oder Asien. Aber dafür brauchen wir wohl vor allem zwei Dinge: Geduld und ein wenig Glück.

Aber das ist Zukunftsmusik. Erst mal haben wir in England noch ein paar aufregende Tage vor uns. Morgen wollen wir die nahe gelegenen Hellfire Caves erkunden. Diese »Höhlen des Höllenfeuers« wurden vor über 250 Jahren beim Abbau von Kalk- und Feuerstein tief in einen Berg gegraben. Rund 500 Meter reichen die verzweigten Gänge unter die Erde, lesen wir vorab im Internet. Zwischen ihnen gibt es mehrere kreisrunde Höhlen, so groß wie kleine Säle. In diesen feierten im 18. Jahrhundert örtliche adelige Mitglieder des sogenannten Hellfire Club wohl wüste Gelage. Nachdem der Club sich Ende des 18. Jahrhunderts auflöste, verfielen die Höhlen und wurden erst nach dem Zweiten Weltkrieg wieder zugänglich gemacht.

Wir werden in die Hellfire Caves hineinwandern und uns bestimmt ein wenig gruseln. Wir werden Ausschau halten nach den Gespenstern, die angeblich dort unten spuken, und danach in ein Herrenhaus in der Nähe einkehren, das einen *Afternoon Tea* anbietet. *Scones* mit Marmelade essen und anschließend zwischen Fasanen und Rotwild durch die angrenzenden Parks und Wäldchen spazieren. Abends werden wir uns im Pub aufwärmen, und vielleicht, ganz vielleicht, werden wir dort nicht mehr als so fremd wahrgenommen wie noch am ersten Abend.

Vielleicht wird auch alles ganz anders kommen. Aber eins ist klar: Es wird ein sehr schöner Tag werden.

Und ein noch sehr schönes Leben.

TEIL V
CHECKLISTEN

Checkliste 1: Für wen ist Wohnungstausch das Richtige?

- Für jeden, dem es keine schlaflosen Nächte bereitet, wenn jemand von seinem Tellerchen isst oder in seinem Bettchen schläft. Das erst mal seltsam zu finden, ist normal. Wem es dauerhaft Bauchschmerzen bereitet, der sollte sich vielleicht was anderes für den Urlaub überlegen.
- Für alle, die in der Lage sind, sich wohlzufühlen, auch wenn nicht alles genauso ist wie zu Hause.
- Achtung: Ältere Menschen und Menschen mit Behinderungen sollten vor dem Tausch klären, ob die Wohnung ihren Bedürfnissen entspricht, zum Beispiel barrierefrei ist. Das ist nicht automatisch gegeben, aber auch nicht ausgeschlossen. Je nach Plattform kann man außerdem gezielt nach rollstuhltauglichen Domizilen suchen oder andere Kriterien zugrunde legen.
- Für alle, die tendenziell eher an das Gute im Menschen glauben als daran, dass hinter jeder Ecke Verbrecher und Betrüger lauern.
- Für alle, die bereit sind, sich auf Neues einzulassen, und für die eine Reise nicht durchorganisiert sein muss.
- Für alle, die sich ein klein wenig Flexibilität bewahren wollen – etwas, das in der alltäglichen Routine manchmal unter die Räder kommt.
- Für alle, die Lust auf eine Unterkunft haben, bei der von der Küche bis zur Waschmaschine *all inclusive* ist – aber keine Animateure rumhüpfen und es keine Büfettdrängeleien gibt.

Checkliste 2: Welche Onlineplattformen gibt es?

- Wir haben HomeExchange und HomeLink über mehrere Jahre und Tausche hinweg ausprobiert und können beide empfehlen.
- HomeExchange gilt als eine der Plattformen mit den meisten Inseraten (65.000), wobei diese Zahlen schwer zu verifizieren und zu vergleichen sind. Vor allem europäische Angebote scheinen uns bei HomeExchange stark vertreten zu sein, es gibt aber auch zahlreiche Tauschpartner auf anderen Kontinenten.
- HomeLink ist – zusammen mit Intervac – die älteste der Plattformen (siehe Kapitel »Älter als das Internet«). Es scheint in den USA und Australien sehr beliebt zu sein. Wer also dorthin tauschen will, sollte sich vielleicht hier anmelden.
- Intervac ist der andere »Klassiker« der Branche und wurde wie HomeLink 1953 gegründet. Wer nur mal gucken will, kann sich hier für eine kostenlose zwanzigtägige Schnuppermitgliedschaft registrieren.
- GuestToGuest ist eine relativ neue Plattform (2011 gegründet), die im Gegensatz zu den meisten anderen keine generelle Mitgliedsgebühr erhebt. Es gibt allerdings verschiedene kostenpflichtige Premiumdienste wie eine Kaution oder Versicherungen. Wir empfanden die Jahresgebühren, die Plattformen wie HomeExchange oder HomeLink verlangen, aber gar nicht ausschließlich als negativ: Sie stellen ja auch eine gewisse Hürde dar, die beispielsweise Spaßvögel mit Fake-Inseraten fernhält. Anfang 2017 hat GuestToGuest die Plattform HomeExchange (s. o.) gekauft, bisher blieb diese aber als eigenständige Gemeinschaft erhalten.
- LoveHomeSwap ist eine weitere der größeren, mitgliederstarken Plattformen. Auch hier gibt es eine kostenlose zweiwöchige Probemitgliedschaft sowie eine (allerdings kosten-

pflichtige) Versicherung gegen absagende Tauschpartner oder Schäden, die man in der fremden Wohnung anrichtet.

- Unter der Adresse sharetraveler.com/houseswap-spreadsheet gibt es eine extrem umfangreiche Liste mit fast hundert Plattformen. Viele von diesen haben nur wenige Mitglieder und sind auf bestimmte Länder oder bestimmte Arten von Häusern (barrierefrei, Skigebiete etc.) oder Tauschpartner (Golfer, Fluglinienmitarbeiter etc.) beschränkt. Aber vielleicht ist ja genau das Richtige dabei.

Checkliste 3: So setzen Sie Ihre Wohnung ins rechte Licht

- Konzentrieren Sie sich bei der Beschreibung auf die Vorzüge der Wohnung, aber bleiben Sie ehrlich.
- Klare Mankos (verkehrsreiche Straße vor der Tür oder kein Aufzug trotz fünfter Etage) sollten Sie jedoch erwähnen, um lange Gesichter zu vermeiden.
- Gute Fotos sind wichtig. Nehmen Sie sich Zeit, die Wohnung an einem sonnigen Tag in einen präsentablen Zustand zu versetzen, und machen Sie Bilder von jedem Zimmer.
- Ein paar Fotos von der Stadt, Ihrem Viertel oder Sehenswürdigkeiten in der Umgebung sind okay. Aber beschränken Sie sich ansonsten auf Ihr Domizil. Die Leute wollen keinen Reiseführer über Ihre Stadt, sondern sehen, was für eine Unterkunft sie erwartet.
- Machen Sie im Profil deutlich, was erlaubt ist und was nicht – zum Beispiel in Sachen Rauchen oder Haustiere. Hinterher die Regeln zu ändern, ist gegenüber den Tauschpartnern nicht nett.
- Bei den meisten Portalen gibt es neben dem Abschnitt über die Wohnung oder das Haus auch ein kurzes Profil der Tauschpartner – also von Ihnen. Keine Angst, niemand erwartet superpersönliche Details. Aber erzählen Sie ein wenig von sich, wer Sie sind und was Sie machen. Das erleichtert die Kontaktaufnahme und die Konversation.
- Auch auf ein Foto von sich sollten Sie auf keinen Fall verzichten. Profile ohne Fotos erhalten deutlich weniger Zuschriften.

Checkliste 4: Wie finde ich Tauschpartner?

- Man kann bei der Suche auf den Tauschplattformen beliebige Kriterien wie Zielort, Zeitraum, Anzahl der Reisenden und so weiter angeben.
- Die wählbaren Parameter reichen von Grundsätzlichem (Rauchen erlaubt?) bis zu feinsten Details (Grill oder Billardtisch vorhanden? Babysitter verfügbar?).
- Je flexibler man ist, umso größer die Anzahl der passenden Angebote und umso größer die Wahrscheinlichkeit, dass man jemanden zum Tauschen findet.
- Statt selbst zu suchen, kann man auch einfach die eigene Bleibe auf eine der Plattformen stellen und aus den eingehenden Anfragen auswählen. Diese Methode bringt einen vielleicht nicht unbedingt an die Orte, an die man schon immer mal wollte – dafür aber an welche, an die man sonst vielleicht nie gereist wäre.
- Die eigene Wohnung und die eigene Stadt beeinflussen die Anzahl der Anfragen, die man erhält. Aber es werden keineswegs nur Tauschpartner in den deutschen Tourismushochburgen wie Hamburg, München oder Berlin gesucht.
- Die Ferienzeit ist eine gute Zeit zum Tauschen, viele Familien wollen (oder können nur) dann verreisen.
- Tipp: frühzeitig suchen (oder das eigene Profil einstellen) – zum Jahreswechsel planen viele schon ihr ganzes Jahr durch.
- Auch Last-minute-Anfragen sind immer möglich (und gerade in der Ferienzeit oder über die Weihnachtsfeiertage oft erfolgreich).

Checkliste 5: So klappt das Kennenlernen aus der Ferne

- Auch wenn eine Anfrage nicht passt – bitte unbedingt trotzdem antworten und absagen. Nichts ist nerviger, als ewig warten zu müssen, ob sich die andere Seite noch mal meldet oder einen schon abgeschrieben hat.
- Nicht traurig sein, wenn eine Konversation, die vielversprechend begann, nirgendwohin führt und kein Tausch zustande kommt. Kann passieren! Andere Familien haben auch schöne Häuser.
- Sind sich beide Seiten einig, nach Kontaktdetails außerhalb der Plattform fragen. Diese dann je nach eigener Misstrauensneigung gründlicher oder weniger gründlich auf Plausibilität prüfen.
- Ein Telefonat oder Skype-Gespräch ist ebenfalls hilfreich, wenn es darum geht, die Identität der Tauschpartner zu bestätigen.
- Wer keine Fotos zeigen will und ein Gespräch und Kontaktdetails verweigert, ist nicht automatisch ein Betrüger – aber vielleicht auch nicht der beste Tauschpartner. Lieber auf ein anderes Angebot ausweichen. Bei uns ist das aber trotz Dutzender von Kontaktaufnahmen bisher kein einziges Mal vorgekommen.
- Es ist sinnvoll, explizit festzulegen, wann der Tausch verbindlich wird: entweder durch eine der speziellen Vereinbarungen, die die Plattformen dafür bereithalten, oder durch eine ganz klare Absprache, bevor Flüge gebucht werden.

Checkliste 6: Was tun, wenn der Tauschpartner in letzter Minute absagt?

- Das passiert nur extrem selten – aber es kann vorkommen. Gehen Sie mit gutem Beispiel voran, und sagen Sie einen Tausch, der verbindlich vereinbart wurde, nur ab, wenn wirklich ein Notfall eingetreten ist und es gar nicht anders geht. Ein Todesfall in der engeren Familie zählt sicherlich als Notfall. Das verstorbene Haustier eines Freundes oder Lust auf ein anderes Reiseziel dagegen nicht.
- Falls Ihre Tauschpartner abgesagt haben: Prüfen Sie, ob die Plattform, über die Sie getauscht haben, Ihre Flugkosten erstattet (unwahrscheinlich) oder Ihnen hilft, einen Ersatztausch am selben Ort zu finden (wahrscheinlicher).
- Versuchen Sie selbst, alternative Tauschpartner zu finden. Eventuell lässt sich ein nicht simultaner Tausch mit jemandem mit Ferienhaus oder anderem Reiseziel arrangieren.
- Falls nichts davon funktioniert, bleiben Ihnen zwei Möglichkeiten:
  - Trotzdem fliegen und eine Unterkunft bezahlen (tendenziell lohnend, wenn der Flug teuer war und die Anzahl der Übernachtungen überschaubar ist).
  - Den Flug verfallen lassen und die ganze Reise abblasen (bevor sie sich für sechs Wochen in ein Hotel oder ein Airbnb-Apartment einmieten, kann es klüger sein, die easyJet-Flüge für je 39 Euro verfallen zu lassen).
- Selbst wenn der Flug sich nicht stornieren lässt, können Sie in vielen Fällen zumindest die Steuern und Gebühren zurückbekommen. Sicherlich nur ein schwacher Trost für die entgangene Reise – aber besser als nichts.

Checkliste 7: Ein hilfreiches Wohnungs-dokument

- Wer sich darauf verlässt, dass die anderen Gedanken lesen können, ärgert sich am Ende nur. Listen Sie also auf, was Ihnen an Regeln in Ihrer Wohnung wichtig ist. Wenn Sie wollen, dass Ihre Blumen regelmäßig gegossen werden – schreiben Sie es auf! Wenn Sie nicht wollen, dass ein empfindliches, aber innig geliebtes Kinderspielzeug von den Kindern der Tauschpartner benutzt wird – weisen Sie darauf hin!
- Denken Sie daran, dass nicht alles für alle selbstverständlich ist: Wohnungsbewohner brauchen beispielsweise detailliertere Instruktionen in Sachen Gartenpflege als jemand, der seit Jahren ein eigenes Stück Grün hat.
- Nehmen Sie sich ein wenig Zeit für Tipps zur Umgebung oder Empfehlungen in Sachen Restaurants, Shops und Aktivitäten. Grundsätzlich gilt: lieber kleine Dinge in der unmittelbaren Umgebung empfehlen; die großen Sehenswürdigkeiten der Stadt stehen in jedem Reiseführer.
- Als Einheimischer geht man an vielen Broschüren und Informations-Flyern für Stadtrundfahrten und Ähnliches meist achtlos vorbei. Ein paar von den interessanteren zu sammeln und den Tauschpartnern hinzulegen, kann diesen die Planung erleichtern.
- Es ist hilfreich, ein oder zwei Nachbarn oder in der Nähe wohnende Freunde als Ansprechpartner für Notfälle zu nennen und deren Telefonnummern aufzuschreiben. Diese sollten natürlich einigermaßen Englisch sprechen und generell die Nerven haben, sich um so etwas zu kümmern.
- Eine knappe technische Anleitung, wie man den launischen Internet-Router wieder zum Laufen bringt oder bei einem Wasserschaden die Hauptleitung abdreht, schadet natürlich auch nichts.

Checkliste 8: So übersteht man auch längere Abwesenheiten von zu Hause

- Denken Sie daran, Ihren Anrufbeantworter umzustellen, falls Sie noch einen besitzen. Statt eine Nachricht entgegenzunehmen, sollte er vielleicht besser Ihre Mobilnummer verraten oder wie Sie sonst zu erreichen sind.

- Bei längeren Aufenthalten außerhalb Europas kann sich der Kauf einer Prepaid-SIM-Karte für Mobiltelefonate oder Internetnutzung mit dem Smartphone lohnen. Achten Sie dann darauf, dass Ihr Telefon entsperrt ist. Das bedeutet: nicht auf Ihren deutschen Mobilfunkanbieter festgelegt (mit einem Anruf bei diesem lässt sich das klären und meist ändern).

- Um auch unterwegs nicht auf Bücher, Musik und Filme verzichten zu müssen, empfehlen sich digitale Angebote wie E-Books, Musik- und Videostreaming.

- Ein Service zum Einscannen von Briefpost kann sich bei längerer Abwesenheit lohnen, wenn man wichtige Post erwartet, die schnell bearbeitet werden muss. Kennt man den Absender, können aber auch die Tauschpartner oder ein vertrauenswürdiger Nachbar ein Auge auf den Briefkasten haben und sich melden, wenn die Vorladung vom Amtsgericht oder der Profivertrag vom FC Bayern tatsächlich eingetroffen ist.

- Achtung, die Post bewahrt Briefsendungen mit dem Vermerk »postlagernd« nur maximal sieben Werktage auf. Diese Methode eignet sich also nicht, um bei längerer Abwesenheit die eigene Briefpost zu »parken«.

Checkliste 9: So packt es sich leichter

- Machen Sie sich beim Packen nicht verrückt, ob die Kleidungsstücke für die gesamte Dauer der Reise reichen. Das Tolle am Tauschen: Es gibt in der Regel eine Waschmaschine, meistens auch einen Trockner vor Ort.
- Klären Sie vorab, was Sie zu Hause lassen können. Handtücher und Bettwäsche werden selbstverständlich von den Tauschpartnern gestellt, vielleicht aber auch Wanderausrüstung oder Tennisschläger. Sprechen Sie ab, was Sie mitnehmen müssen und was bereits vorhanden ist.
- Gerade für Eltern von kleinen Kindern kann ein Haustausch die Gepäckmenge, die auf einer Reise mitmuss, dramatisch reduzieren. Vor allem, wenn beide Parteien Kinder im gleichen Alter haben. Warum den Kinderwagen durch die Welt fliegen, wenn man den des anderen benutzen kann? Das Gleiche gilt für Unmengen von Fläschchen, Spielzeug und so weiter. Auch hier gilt natürlich: vorher absprechen.
- Eine Packliste oder Packlisten-App hilft dabei, nichts zu vergessen. Schlau: Die Packliste gegen Ende der Reise noch mal hervorholen und um die Sachen ergänzen, die man vermisst hat. Und die Sachen streichen, die man zwar eingepackt, aber nie benutzt oder angezogen hat.

Checkliste 10: Wie man die Gäste im eigenen Haus empfängt

- Wenn es die Flüge zulassen, dass Sie die Tauschpartner noch zu Hause in Empfang nehmen und ihnen alles zeigen, bevor Sie sich selbst auf die Reise machen, ist das eine komfortable Lösung.
- Falls das nicht klappt, müssen Sie einen Weg finden, die Schlüssel für die anderen zu deponieren. In der Stadt kann das in einem benachbarten Geschäft oder Restaurant sein (Öffnungszeiten beachten!). Auf dem Land bei den Nachbarn, die auf diesem Weg gleich die Tauschpartner kennenlernen.
- Manche Flughäfen bieten einen Gepäckaufbewahrungsservice an, bei dem man die Schlüssel deponieren kann – eine praktische Sache. Gegen Ausweis oder eine vereinbarte Geheimzahl kann man dort wartende Schlüssel und Unterlagen abholen.
- Relativ neue Dienste sind hoardspot.com und keycafe.com: Dort kann man sich Geschäfte oder Cafés in der Umgebung anzeigen lassen, in denen man gegen eine geringe Gebühr seinen Schlüssel sicher hinterlegen kann. Bisher ist das Angebot allerdings nur in einigen Großstädten verfügbar, es soll jedoch ausgebaut werden. Da wir es selbst noch nicht ausprobiert haben, können wir noch keine echte Empfehlung aussprechen.
- Wer sich damit wohlfühlt, kann den Schlüssel natürlich auch an einem verabredeten Platz im Vorgarten oder auf der Terrasse verstecken. Wir haben schon so manchen Schlüssel unter einem Blumentopf hervorgeholt.
- Eine kleine Aufmerksamkeit für die ankommenden Gäste ist nie verkehrt. Wenn die Ankunft auf ein Wochenende fällt, vielleicht auch ein paar Basics wie Kaffee, Milch und Brot. Ein prall gefüllter Kühlschrank wird jedoch nicht erwartet.

Checkliste 11: Die eigene Privatsphäre – und die der anderen

* Stöbern Sie nicht in den privaten Dingen Ihrer Tauschpartner herum. (Für solche Hinweise brauchen Sie eigentlich nicht unser Buch, das haben Ihnen im Idealfall schon Ihre Eltern beigebracht.)
* In einer Küchenschublade nach einem Dosenöffner zu suchen, ist etwas anderes, als eine Schreibtischschublade aus Neugierde auf den Kopf zu stellen.
* Verabschieden Sie sich dafür auch von dem Gedanken, die anderen könnten in Ihrer Abwesenheit die Unterlagen Ihrer Zahnzusatzversicherung oder Ihre Heizkostenabrechnung vom letzten Jahr lesen. Solche Details sind für jeden anderen Menschen auf dieser Welt eher uninteressant.
* Dinge, bei denen Sie wirklich hundert Prozent sicher sein wollen, dass niemand sie zu sehen bekommt – nicht einmal aus Versehen –, verstauen Sie in einer abschließbaren Schublade. Ja, genau: das Foto vom vorletzten Karneval, Ihre Ina-Müller-CD-Sammlung, die peinlichen Sachen halt.
* Für Computerfestplatten gilt im Grunde dasselbe wie für Schubladen: Sie stöbern nicht bei den anderen, die anderen stöbern nicht bei Ihnen. Trotzdem ist es sinnvoll, ein Benutzerkonto für Gäste einzurichten, das automatisch gestartet wird. Dann können die Gäste ihre E-Mails checken oder ihre Bordkarten für den Rückflug ausdrucken – und Sie müssen sich keine Sorgen machen, ob Sie Ihre Browser-Historie gelöscht haben.

Checkliste 12: Sich einleben

- Probieren Sie die Tipps der Gastgeber unbedingt aus – und sei es nur, um die Leute besser kennenzulernen, die selbige geschrieben haben.
- Foursquare, Google Maps, Yelp oder TripAdvisor helfen sicher, sich zurechtzufinden. Den Nachbarn oder die Barista im Café zu fragen, geht aber meist mindestens genauso schnell. Und hat den netten Nebeneffekt, dass man mit jemandem ein paar Worte wechselt.
- Der gute Friseur oder die tolle Kosmetikerin stehen selten im Dokument. Die meisten Tauschpartner freuen sich aber, wenn sie nach ihren Empfehlungen gefragt werden. Gleiches gilt für Sportstudios, öffentliche Tennisplätze oder Schwimmbäder.
- Yogastudios und Fitnesscenter bieten fast immer Probemitgliedschaften an. Die sind normalerweise ausreichend, um einen zweiwöchigen Aufenthalt abzudecken. Länger vor Ort? Einfach das nächste Studio ausprobieren. In den USA lassen sich günstige Probeangebote oder Monatskarten oft auch über Groupon erwerben.
- In Apps wie MapMyRun oder Runtastic tragen Läufer auf der ganzen Welt ihre liebsten Joggingstrecken ein. Praktisch, wenn man sich vor Ort noch nicht so auskennt.
- Youtube ist fast so toll wie ein Personal Trainer: Krafttraining mit Daniel und Kelli von Fitness Blender, Ballett mit Alessia alias Lazy Dancer oder Cardio mit Jillian Michaels – für nahezu jede Sportart und Zeitspanne gibt es das passende Videotraining vom Profi.
- Auch mit den Übungsvideos der deutschen Webseite yogaeasy.de können Anfänger und Fortgeschrittene unkompliziert dort praktizieren, wo sie gerade sind.
- Nehmen Sie Flyer mit, schauen Sie auf Aushänge in Läden, lesen Sie die lokale Tageszeitung – und melden Sie sich dann

zum freiwilligen Gärtnern im nahen Park, zur Diskussionsrunde über das neueste Buch von Paul Auster oder zum indischen Supper Club an.

- Kochen Sie mit lokalen Zutaten und den Kochbüchern der Gastgeber. So entdeckt man viele neue Lieblingsgerichte und lernt etwas über fremde Gewürze. Oder zumindest fremde Maßeinheiten. Wie viele Unzen waren noch mal zwei Tassen?

Checkliste 13: So sichert man sich gegen kleinere und größere Risiken ab

- Gehen Sie vorsichtig mit den Dingen der Tauschpartner um. Falls Sie zu Ungeschicklichkeit neigen, räumen Sie zerbrechliche Gegenstände lieber selbst weg, falls der Tauschpartner das nicht getan hat, und benutzen Sie statt des fragilen Festtagsgeschirrs lieber das etwas robustere, das vielleicht schon die ein oder andere Macke hat.

- Sollte doch etwas kaputtgehen – natürlich sofort und ehrlich zugeben und fragen, ob und wie man den Schaden ersetzen kann.

- Bei Bagatellschäden, die die anderen verursachen, ruhig großzügig sein. Wer will sich wirklich den Wert einer uralten Kaffeetasse erstatten lassen, wenn er gleichzeitig tage- oder wochenlang kostenlos an einem tollen Ort wohnt?

- Bei größeren Schäden: Eine Haftpflichtversicherung sollte sowieso jeder haben – das gilt für Wohnungstauscher erst recht.

- Achtung, die eigene Hausratversicherung haftet für den Schaden, den Gäste bei Ihnen verursachen, in der Regel nicht.

- Sollte das eigene Domizil ungewöhnliche Sicherheitsrisiken bergen (wie die selbst gebaute Kellertreppe ohne Geländer) – unbedingt die Tauschpartner darauf hinweisen.

- Gleiches gilt für eine Wohnung ohne Kindersicherungen, falls die Tauschpartner mit kleinen Kindern anreisen.

- Für ganz Nervöse: Unterschreiben Sie vorab eine gegenseitige Erklärung, dass man auf rechtliche Ansprüche gegen den Tauschpartner verzichtet.

Checkliste 14: Arbeiten in der Ferne

- Nicht alle Berufe eignen sich gleichermaßen dafür, den Arbeitspatz eine Zeit lang ins Ausland zu verlegen. Freiberufler haben es naturgemäß leichter als Festangestellte. Bei Letzteren kann es sich lohnen, mit dem Chef erst mal über »normales« Home-Office zu sprechen, bevor man anfängt, von einem Schreibtisch auf Lanzarote zu schwärmen.
- Beachten Sie die Zeitverschiebung (inklusive eventueller Abweichungen bei der Sommerzeit) – vor allem wenn Sie telefonisch für Kollegen oder Auftraggeber erreichbar sein müssen. Sehr hilfreich dabei sind Zeitzonenrechner im Internet.
- In so gut wie allen Tauschdomizilen gibt es inzwischen Internetanschluss. Aber nicht jeder ist schnell genug für Internet-Telefonie und andere bandbreitenhungrige Dienste. Am besten vorher mit den Tauschpartnern besprechen.
- In Sachen mobiler Erreichbarkeit ist eine lokale SIM-Karte oft das Praktischste (siehe Kapitel »Digital ist besser«).
- Nomadlist.com ist eine hilfreiche Seite, wenn es darum geht, den Arbeitsaufenthalt in einer fremden Stadt zu organisieren. Dort und auf Seiten wie workfrom.co lassen sich zum Beispiel Coworking-Arbeitsplätze und Cafés finden, in denen es sich gut arbeiten lässt.
- Wer schon vorher weiß, dass er während des Tauschs arbeiten muss oder möchte, kann natürlich auch gleich darauf achten, dass ein Arbeitszimmer oder zumindest ein Schreibtisch im Tauschdomizil vorhanden ist.
- Per Skype kann man kostenlos oder preisgünstig telefonieren – auch mit ganz normalen Telefonanschlüssen. Wer von unterwegs Faxe senden muss, kann das zum Beispiel mit pamfax.biz auch digital tun.

Checkliste 15: Was man über den Auto-tausch wissen sollte

- Das Auto zu tauschen ist eine freiwillige und zusätzliche Ver-einbarung zum Wohnungstausch. Wer nicht will, muss nicht.
- Klären Sie unbedingt vorher, ob die eigene Autoversicherung auch für andere greift. Manchmal muss man die fremden Fahrer namentlich anmelden, in anderen Fällen ist der Ver-sicherungsschutz auf eine Höchstzahl von Tagen begrenzt. Jede Versicherung ist anders, deshalb unbedingt prüfen!
- Lassen Sie sich auch von den Tauschpartnern bestätigen, dass sie mit ihrer Versicherung geklärt haben, dass man ihr Auto fahren darf.
- Ein internationaler Führerschein erspart bei einer Kontrolle im Ausland viel Übersetzungswirrwarr und Missverständ-nisse. Er wird außerdem von manchen Versicherungen ver-langt. Achtung: Im Gegensatz zum deutschen Führerschein muss der internationale alle paar Jahre erneuert werden. Eine Prüfung ist aber nicht erforderlich, nur ein Gang zum Amt.
- Füllen Sie im Falle eines Autotauschs unbedingt eine schrift-liche Tauschvereinbarung aus, in der Details wie Versiche-rung und Werkstatt festgehalten sind. Auch der Radius der Nutzung oder eine maximale Kilometerzahl kann festgesetzt werden. Einen Vordruck gibt es auf den meisten Tauschplatt-formen.

Checkliste 16: Vor der Rückreise klar Schiff machen

- Vorräte auffüllen: Am besten führt man schon während des Tauschs eine Liste mit den Dingen, die man aufgebraucht hat und nachkaufen muss. Angebrochene Lebensmittel und Verderbliches aufessen. Kommen die Tauschpartner zeitnah zurück, freuen diese sich sicher über abgepacktes Brot und Käse, eine haltbare Milch oder einen ungeöffneten Saft im Kühlschrank. Auch eine Flasche Wein oder eine Schachtel Pralinen als Dankeschön schadet nicht.
- Betten neu beziehen, Handtücher wechseln. Die gebrauchten Textilien waschen und trocknen bzw. aufhängen.
- Auto waschen, aussaugen und volltanken. Adressen der angesteuerten Strip-Bars und Spielhallen aus dem Navi löschen. Fahrräder aufpumpen und sauber an ihren Platz stellen.
- Kopien der Tankquittungen und Mautbelege für den Tauschpartner aufheben. Sind Mautkosten entstanden, die über das Konto der Autobesitzer abgerechnet werden, das Geld dazulegen.
- Mülleimer leeren.
- Alle Zimmer, die in Gebrauch waren, putzen. Insbesondere Küche (!), Bad (!!) und Toilette (!!!).
- Grill reinigen, Laub von der Terrasse fegen.
- Dankesbrief schreiben. Gegebenenfalls entstandene Schäden kommunizieren, falls nicht schon gebeichtet (früher ist besser). Großzügigen Lösungsvorschlag machen.
- Schlüssel am vereinbarten Ort deponieren. Gibt es keine Vereinbarung: nachfragen!

Checkliste 17: Willkommen zu Hause

- Vor der Rückreise noch mal eine E-Mail zu schicken, in der man Dinge wie Schlüsselübergabe und die jeweiligen Abreise- und Ankunftszeiten ein zweites Mal kommuniziert, schadet nicht. Und sei es nur als Erinnerung. Oder weil es manchmal mühsam ist, solche Informationen, Wochen nachdem man sie ursprünglich ausgetauscht hat, aus alten E-Mails oder Nachrichten auf der jeweiligen Tauschplattform wieder herauszukramen.

- Vielleicht steht bei der Rückkehr ein vergessenes Glas auf dem Balkon. Vielleicht lassen die Rosen im Garten den Kopf hängen. Solche Kleinigkeiten passieren, schmälern aber die Vorzüge des Haustauschs nicht.

- Die meisten Haustausch-Partner freuen sich, wenn man ihnen eventuell vergessene Spielsachen oder Kosmetika nachschickt. Falls das immens viel Porto kostet: Klären Sie, wer die Kosten trägt.

- Eine SMS oder E-Mail nach der Ankunft (»Sind gut angekommen. Wohnung ist tipptopp. Vielen Dank für alles!«) signalisiert, dass der Tausch nun offiziell zu Ende ist.

- Auch danach noch ab und zu E-Mails oder Postkarten zu schicken, muss nicht sein. Aber wer freut sich nicht über Grüße aus fernen Ländern?

Checkliste 18: Tauschpartner richtig bewerten

- Nach der Heimkehr haben Sie auf den meisten Plattformen Gelegenheit, Ihren Tausch zu bestätigen und zu bewerten oder Ihrem Tauschpartner einen Gästebucheintrag zu hinterlassen. Trotz aller Bequemlichkeit und anderen wichtigen Erledigungen nach der Rückkehr: Machen Sie von dieser Gelegenheit Gebrauch. Denn durch verifizierte, abgeschlossene Tausche haben Sie und Ihr Tauschpartner es später leichter, neue Angebote zu finden, da Sie – zu Recht – als vertrauenswürdig wahrgenommen werden.
- Tipp: Seien Sie beim Feedback eher großzügig als streng. Sie haben ja schließlich auch keine Lust, wegen einer Sache in ihrem Zuhause, die Sie vielleicht nicht mal als problematisch wahrgenommen haben, öffentlich gerüffelt zu werden: »Die Wohnung ist sehr schön, aber der Wasserdruck in der Dusche war leider mehr als schwach, und ab und zu hat jemand in der Nachbarwohnung Klavier gespielt. Sehr enttäuschend!!!«
- Denken Sie außerdem daran: Sie sind nicht zahlender Gast in einem teuren Hotel, sondern bei jemandem zu Hause. Manche Dinge sind nicht automatisch schlecht, falsch oder mangelhaft – nur, weil sie anders sind, als man sie gewohnt ist.
- Sollten Sie tatsächlich an Ihrer Tauschwohnung etwas zu bemängeln haben, versuchen Sie lieber, dies während des Tauschs mit Ihren Tauschpartnern zu klären, als angestaute Wut am Ende in einem schnippischen Kommentar auf der Profilseite der anderen rauszulassen.
- Bei ernsthaften Problemen ist wiederum ein direkter Kontakt mit der Plattform sinnvoller als ein negativer Kommentar.

Dank

Wir bedanken uns von Herzen bei all unseren Tauschpartnern, die uns in ihre Häuser und Wohnungen gelassen haben und bei denen wir uns zu Hause fühlen durften. Ulrike Schäfer, Oliver Metzler, Mathias Irle und Christian Fahrenbach haben unser Manuskript mit vielen guten Vorschlägen und Anmerkungen verbessert. Silke Maser und Daniel Erk haben uns bei der Titelfindung unterstützt. Ohne unsere Agenten Eva Semitzidou und Michael Gaeb hätte es dieses Buch nie gegeben. Herzlichen Dank ihnen und Verena Pritschow, Jörg Nabert sowie dem gesamten Team von Malik und Piper.

Unserer Nachbarin Claudia möchten wir dafür danken, dass sie ab und zu unsere Tauschpartner unterstützt, wenn es mal klemmt. Esther, Daniel und Till waren so nett, ihre Tauschgeschichten und -erlebnisse mit uns zu teilen. Peter Praschl und Okka Rohd haben uns überhaupt erst auf die Idee gebracht, dass diese Tauscherei etwas für uns sein könnte. Eugene gebührt Dank für einen wundervollen Tag in der australischen Region Margaret River. Shantanu Starick hat unsere Autorenfotos gemacht und ist in Sachen Reisen die größte Inspiration.

Danke Euch allen!

Weniger ist mehr

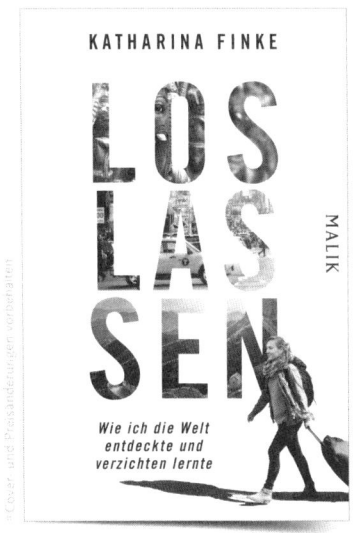

Katharina Finke

**Loslassen – Wie
ich die Welt
entdeckte und
verzichten lernte**

Malik, 224 Seiten
€ 15,00 [D], € 15,50 [A]*
ISBN 978-3-89029-481-0

Als Katharina Finke nach der Trennung von ihrem langjährigen Freund ihren Mietvertrag kündigt, entschließt sie sich, alles loszulassen, was sie bindet. Sie verschenkt und verkauft beinahe ihren ganzen Besitz und macht das Reisen zu ihrem Alltag. Als moderne Nomadin arbeitet sie rund um den Globus und genießt das intensivere Lebensgefühl, das sie durch die Befreiung von materiellen Dingen verspürt. Dies ist ein Buch darüber, was es heißt loszulassen. Und woran es sich lohnt festzuhalten.

MALIK

Leseproben, E-Books und mehr unter www.malik.de

Wandern extrem

Christine Thürmer

Laufen. Essen. Schlafen.

Eine Frau, drei Trails und 12700 Kilometer Wildnis

Malik, 288 Seiten
€ 16,99 [D], € 17,50 [A]*
ISBN 978-3-89029-471-1

Als Christine Thürmer gekündigt wird, beschließt sie, auf dem Pacific Crest Trail von Mexiko nach Kanada zu wandern – 4277 Kilometer. Eigentlich unsportlich bricht sie zu ihrem Abenteuer auf und schafft es tatsächlich bis ans Ziel. Und sie wandert weiter, läuft den Continental Divide Trail (4900 Kilometer) und den Appalachian Trail (3508 Kilometer). Humorvoll beschreibt Christine Thürmer die Geschichte ihrer inneren Suche, ihre Erlebnisse und landschaftlichen Eindrücke.

MALIK

Leseproben, E-Books und mehr unter **www.malik.de**